Friedrich Linzing

PLUS ULTRA

Continut - Contenu

3

…DEDICADO AL HOMBRE DE LA OBRA

„…jugaremos los dos a la veyntiuna, como si fuesse de veras, que si alguno quisiere ser tercero, el sera el primero que dexe la pecunia."
(Novela de Rinconete y Cortadillo, Miguel de Cervantes)

Prefată

Les horizons ne s'étendent pas seulement vers l'ouest.

Orizontul familiar este o margine de dorit pentru ochi, dar privirea dincolo este captivantă. Mergând mai departe către noi orizonturi, disciplina privirea care creste si se adaptează si găseste lucruri noi în noua întâmplare si le recunoaste, apoi le recunoaste din nou în forma ei următoare. Adesea este prea rapid pentru multi si, prin urmare, mergem încet. Ritmul tamburului îi tine pe dansatori pe drum. Idealismul german, care ne-a oferit ideologii comune, cu toate acestea, pase bate inima. Iar inima este moale si rotundă si se transformă.

Punctul de plecare al acelei miscări spirituale din Germania prerevolutionară de la începutul secolului al XIX-lea a fost certitudinea că deficitul economic poate fi stabilit într-o manieră absolută si că functionează si figurează întotdeauna în contextul situational. Structura consideratiilor de lipsa bunurilor relativă, pe de altă parte, este exprimată în importanta sa în banal. Din fericire, abundenta si pare aproape mai frecventă decât starea deplorabilă de anxietate, lipsă, absolută sau relativ experimentată.

Si, dintr-o dată, ai nevoie să o cauti imediat în manualul în sine, unde ai învătat meseria ta sau ar fi trebuit să o faci. Si imediat veti găsi acolo ca punct de plecare orice altceva: penuria este destinul acestei lumi: atât de evident si de înteles încât orice discutie suplimentară nu este necesară. Premisa ca atare nu este mentionată sau înregistrată în mod constient ca atare, mult mai putin verificată în ceea ce priveste importanta sa ca destinatie pură, ca si cum nu ar exista bunuri libere. Si ca si cum nu ar fi doar conditiile favorabile de productie care au modelat avantajul de performantă al diferitelor tări! Sau dorim chiar să includem reglementările care lipsesc pe anumite site-uri de productie? - Si totul este o consecintă a luptei pe fronturile ideologice ale discutiei, ca si cum fenomenul somajului nu ar exista, pentru toate acele bunuri care nu puteau coordona tranzactiile de piată utilizate. Ce-i cu astea? Unde stau? - Sunt pur si simplu ignorate acolo?

Somajul. Da. Pentru a numi un procent si a ignora destinele individuale din spatele său, economistii răi erau încă apte. Si acesta este zâmbetul lor colectiv arogant, zâmbeste-ne, noi dincolo de pe sus, tu jos acolo, cei vorbind: asa este, asa ne rămâne. Astfel de oameni, de destin determinat imaginar. Spune, în contradictie cu tot ceea ce vedem si stim. Sau cel putin, dacă istoria este bine păstrată.

Marile companii puternice care plutesc în valurile pietelor care functionează ca monopolisti stabilesc preturi departe de orice dezvoltare „gratuită" si pentru propriul interes, duc inconstient mari sectoare ale economiei la somaj. Acela nu primeste muncă - destin. Nu va primi un apartament - cui îi pasă? „Determinăm preturile, cantitătile, conditiile, determinăm somajul în sine".

Toată lumea poate presupune teoretic preturile libere si fluctuante ale pietei si efectele generale de prosperitate asociate. Dar cine poate implementa asta acum? - Unde este partea pro-business, angajată într-o asemenea dezvoltare în fapte si cuvinte? Dacă lipsa este privită ca „absolută", asa cum au făcut generatii de economisti de 170 de ani, până la urmă, asta înseamnă doar capacitatea proprie, de a se preda, împotriva complexitătii aspectului pământesc care ne înconjoară. În orice caz, fizicienii nu au renuntat, dar au continuat să lupte fericiti. De ce atunci, dar economi□tii s-au pierdut în banalităti? Nu există nimic în sine: numai declaratia de faliment se bazează în mod regulat pe raportarea la situatia individuală de a fi expus la penurie, atunci când optiunile de actiune ale actorului respectiv pe piată se evaporă si niciun investitor nu are în vedere reabilitarea modelului de afaceri în cauză.

Pentru a urmări firul si a rezolva conditiile de relativă lipsă, efectiv deja expus acolo, pe baza sursei reale a acestei stiinte, „prosperitatea natiunilor" (Adam Smith), avem nevoie de dovezi. Stând singur împotriva unei lumi de fetisti lipsei. Ca si cum acest italian înjură lângă tine si cu orice lucru care nu merge bine, sărmanul său credintă repetă: "…porca miseria…"

Fată de materialismul din stânga si dreapta. Dar continuati.„…the show must go on…"

Unde sunt granitele printre stiintă, artă si rezultatul literar? În plus, cele mai simple considerente de diferite origini sunt puse în interactiune atunci când ideologiile trebuie să fie tesute, adică ingrediente de cea mai simplă origine. O astfel de abordare are ca rezultat ideile si argumentele citate care se alătură dinamic. Semnificatia câstigă astfel cu puterea de convingere, deoarece mai multe dimensiuni explicative sunt în acelasi timp obiectul efectului. Pare să se contopească ca un aliaj. Cu toate acestea, întrucât publicarea operelor idealismului german nu a fost însotită de altă ambitie în afară de promovarea artei si, prin urmare, de adevăr sau cunoastere, astăzi poate fi afirmat, dimpotrivă, pe de o parte datorită motivatiei si mai ales pentru că rezultatele sunt adesea evidente. În plus, activitatea de prezentare a argumentelor este neobisnuită acolo, asa cum am mentionat mai sus. Se pare că este o „spălare a creierului" de agitatie propagandistică de înaltă calitate, a spiritelor agile, în viitorul si în continuarea posibilitătilor. Este autorul idealistilor, dar, în cele din urmă, tocmai pentru a-l lămuri, a accepta provocarea si a oferi cititorului interesat un nivel, a crea o imagine de ansamblu. Cresterea gradului de constientizare. Oferiti solutii. Nici mai mult, nici mai putin.

Practic, există încă întrebarea: trebuie să fie de asteptat ca cititorul să aibă judecată? Oare idiotul obisnuit să-si permită propria părere, cel nenorocit?

Dacă da, cât de mult? - Ce măsură ar putea ajuta? Sau este, presupunând absenta totală a cenzurii?

Atunci, cel mult, dacă nu chiar erori evidente, dar defecte de proiectare pentru a descoperi că ar trebui să permită manipularea ideologiilor încă valabile într-un mod mai sofisticat.

Hai

Când cititi filozoful Hegel, precum si alti filosofi, poeti si economisti contemporani si mai târziu, în special pe cei ai conducerii initial liberale de stânga, a apărut o experientă care va fi comunicată în această carte.

Nu, nu trebuie promovată o nouă tiranie, compulsiile sau interdictiile nu trebuie justificate, nu trebuie descoperite sau instrumentalizate noi culori. Pur si simplu descoperiti ce sentimente si experiente apar si se dezvoltă atunci când anumite lucruri apar într-o lumină nouă si că, desigur, este încă posibil să rămâneti fideli vechiului, fără a aduce atingere noilor experiente.

Într-o anumită măsură împuternicită si îndreptătită, Hegel, unde este o dialectică, un conflict de intuitii ca si cum altfel nu ar putea fi conceput. „Fenomenologia Duhului" sau chiar Orele lui Rainer Maria Rilke aveau deja răspunsuri ascunse care au fost anterior ignorate.

Drumul deschide, din nou, înainte, vechile trepte. De la mână la gură, călători. Fântâna răcoritoare de pe marginea drumului si din pozitia pierdută, toate fragmentele strălucesc.

„...del poco dormir y del mucho leer, se le secó el cerebro, de manera que vino a perder el juicio."
(Don Quijote de la Mancha, I.1, , Miguel de Cervantes)

I.

Hollywood prezintă imaginile într-o ordine secventială si oferă coloana sonoră în mod sincron. Dar precedentul, prezentarea de diapozitive, există încă. Dar si acolo, din ce în ce mai multe „imagini" este „infuzat" pentru a crea impresia unei progresii uniforme a imprimeurilor pe pânza reflectorizantă. Si cum am învătat să vedem imaginile rulând si să nu pierdem concentrarea, ci să ne ghemuim în tăcere, continuăm si mergem mult mai departe decât am îndrăznit să visăm.

Stiinta înainte de Hegel înseamnă o prezentare de diapozitive. Obiectul este văzut, înregistrat si tratat static, chiar dacă este descrisă o secventă temporală. Ca om de stiintă, unul rămâne în fata obiectului de investigatie, lucrează stiintific cu sobrietate. Rămâne în imagine, se trag concluzii, se schimbă premisele. Uneori, chiar uiti că chiar trebuie să o faci cu proiectii si încă confuzi naiv discutiile despre model ca si cum ar fi discutia despre realitate în sine.

Toate acestea sunt valabile înainte de a intra în joc dialectica lui Hegel. De ce nu a fost înteles dialectul lui Hegel? - Pentru aceasta este necesar să stim că germanii nu reprezintă o comunitate omogenă, ci că persistă în multe triburi diferite. Hegel provine din regiunea svab-germană, si departe de casă si, cu propria sa formă de socializare, este uneori înteles gresit.

Conform Fenomenologiei spiritului, stiinta este infinit fragmentată. „Spiritul" din domnia sa spirituală directionează acel continuum în proprietatea sa independentă ca punct fix. Stiinta este arătată ca un proces dinamic de devenire a constiintei. Subiectii convertiti (de exemplu, oamenii) sunt niste aspecte negative care pot fi gofrate, dar sunt legate inseparabil de forta pozitivă activă si de harul spiritului, fără a aduce atingere propriilor lor exercitii de liber arbitru.

„Spiritul" nu are nici un atribut care să fie asociat cu acesta. Dumnezeu sau zeitătile sunt dincolo de îndemâna subiectilor umani pământeni si trebuie recunoscuti ca atare. Si se concluzionează că nu ar mai exista un bun uman dorit decât acel acces. Se foloseste cel putin o astfel de descriere de la Hegel. Hegel descrie deja indivizii care rămân ocupati doar cu materie moartă si chiar anticipează descrierea unor astfel de abateri în ceea ce urmează.

Cu greu poti argumenta despre asta.

Spiritul se dovedeste a fi perseverent forta motrice din acel sistem. Ce subiecti în care ordinea acordă contributii sau altfel sunt o tablă de sunet de dezvoltare sau elemente de amortizare, nu pot influenta pe deplin subiectii. Pe de o parte, subiectii sunt prinsi în limitele lumii reale, dar în acelasi timp au acces si constientizarea infinitului.

Punerea în aplicare a stiintei hegeliene generează rezultate stiintifice care oferă observatorului inutile impresia sau iluzia unei realitări stiintifice mult mai mari (pe nedrept), în comparatie cu acea stiintă, cu procesele sale formale, care au fost practicate înainte de Hegel, si că, în realitate, ele sunt încă practicate peste tot. Filosofia lui Hegel este implementată aici □i acolo (în parte), dar nu este încă înteleasă ca un nou standard. Schopenhauer, si cine întelege asta? - Îsi spune că nu l-a înteles pe Hegel. Deci cine ar fi trebuit să-l înteleagă pe Hegel? Puteti citi doar „sinteza antitezei tezei", „idealismul german", altfel, golul. „Ora□ul gol", în loc de „... are loc".

Multi sunt chiar prinsi în structurile epocii de piatră, cel putin dacă opriti materialul de constructie singur.

Apoi, gândirea condensată are loc în mintea lui Hegel. Potrivit lui Hegel, stiinta functionează astfel încât acolo unde anterior au fost luate în considerare doar imagini, teoriile stiintifice si rezultatele sunt arătate schematic, ca un film care se desfăsoară încet, astfel încât miscarea dinamică devine în prim plan. Dialogica marchează distantele dintre imaginile care sunt executate succesiv rapid. Karl Marx, în Manifestul său comunist, l-a recunoscut si pus în aplicare, creând iluzia unei stiinte „superioare". Stiinta, produsă în acest fel, poate întruni cu greu stiinta conventională si cu atât mai putin în versiunea teoretică, „refuzata". Imaginile din

Marx rulează prea repede si până acum nu a existat un dialog real cu ideologii lor. În mod traditional, a fost argumentată cvasi „imagine după imagine".

Stiinta dinainte de Hegel poate fi comparată cu o expozitie de pictură sau cu o expoziție de sculpturi, instalatii sau altele asemenea, potrivit Hegel, însă, stiinta ne duce la cinema. Hegel pare mintii de miliarde de ori schimbarea de mare viteză a frecventelor alb-negru la: „imagine semnificativă" - „linie goală" - „imagine".

Văzut în acest fel, episodul comunist apare în Balcani - ca o altă epistolă tiranică sângeroasă. Această dezvoltare nefericită, proiectată asupra oamenilor nevinovati, a ciobanilor, hainele lor în alb și la lumină străluceste la fel de alb si pur ca ecranul din cinematograf. Nu s-a schimbat nimic.

Posibilitătile de prezentare si aplicare, precum si utilizarea empirică a stiintei hegeliene sunt superioare în ceea ce priveste eficienta celor ale stiintei traditionale. Începuturile timide pot fi deja recunoscute atunci când viitorul începe să ia în considerare procesele si circumstantele în timp util, să citească date unul în raport cu celălalt si să perceapă interesele individului si ale celei considerate într-o interactiune interrelationată.

A merge cu Hegel se implică în rapiditatea dezvoltării obiectului de cunoastere si se alătură turelor cu o prezentă vigilentă. În cazul în care nu există nicio cunoastere posibilă sau nu este prezent nimic, cum ar fi o punte către următoarea cunoastere, extinderea spiritului este presupusa ca o linie goală. (Asa cum v-ati imagina aici, notatiile românesti trebuie să fie complete, deoarece editia, care este inevitabil declarată ca engleză, nu reproduce anumite litere.) Curajul de a umple golul potrivit lui Hegel este inerent acestui gând, dar vidul în acest context înseamnă doar un „grad de neclaritate" mai recunoscut. Acest lucru este mult mai bun decât moda stiintifică anterioară, care este multumit de instantanee cu date exacte înaintea unui „ecran verde", loc neutru cu care trebuia să fie satisfăcut. Învătăturile economiei traditionale sunt învechite. Da, este lăsat în urmă iremediabil în anumite puncte ale reprezentării realitătii si a fenomenelor care apar.

Clientului nu este nevoie să-i se vândă prin mesaj, deoarece mesajul era deja în client. Era deja prea greu? - dialectica se datorează faptului că clientul este clientul, iar mesajul este o urmă spiritul. Mintea impregnat în prezenta duhului simtitor directionează într-o completitate linistită. Hegel avea multe de spus contemporanilor săi si cu greu nimeni l-a înteles si cine l-a pus în aplicare s-a îndepărtat de duh si erau obsedati de materialism. Nietzsche a stat singur om de stiintă al timpului său, care a sustinut această dezvoltare complet extravagantă câteva decenii mai târziu, care a trebuit să îndure această dezvoltare teribilă a stiintei sale contemporane. Deci, să presupunem că templul a fost jefuit si că o metodologie de proiectare stiintifică hegeliană a devenit separată prin inversarea obiectivului său initial. Nu putea Hegel să fi prevăzut asta? - Deci, dacă o stiintă s-a mutat acolo, atunci aceasta nu ar putea veni cu mijloacele practicii stiintifice conventionale, în cazul lui Hegel, este controlat logic de programul care a permis, realizat si livrat dezvoltarea până astăzi. În cinematograf, în fata imaginii în miscare în timpul spectacolului, spectatorul este întotdeauna momentul în prezent inundat de lumină. Luati descrierea spiritului din Apocalipsa lui Ioan: „Cel care a fost acolo, care este aici, cel care urmează, Atotputernic", continuă să trăiască.

Recunoscând munca sa ca un atu, programul de contrast, care se desfăsoară alături de acesta, distantele dintre imaginile filtrate de mintea umană sau lucrul creierului său, care sunt goale sau negre sau fără caracter "ceea ce a fost, ceea ce nu este, si asta, ce urmează. "

De la o anumită viteză când imaginile în miscare expiră, impresia pâlpâitoare scade si doar un singur mijloc de a urmări miscarea. Credinta pozitivă si încrederea sunt necesare atunci când avansarea dinamică a gândirii amenintă să fie lăsată în urmă. Si toată lumea îl poate urmări, pentru că toată lumea poate urmări continutul si tine cont de cele pozitive.

Hegel este intrinsec constient de o nouă eră. Hegel a recunoscut si caracterizat noua eră. Si a trecut dincolo de sine si de timpul său tulburat, continuând să navigheze plus ultra. Progresul este ceea ce contează. -

„...- Y ?sabes tú leer, hija? – dijo uno."

(La Gitanilla, , Miguel de Cervantes)

II.

Următorul exemplu este ilustrativ:

"Benito stă la pupitrul scolii. Profesorul se apropie de Benito, joacă rigoare, fruntea înaltă.

- Benito, aveai cinci marmura în buzunar. Buzunarul are o gaură. Trei s-au pierdut deja. Câti au rămas?

- ... (Benito se uită la tavan si se gândeste).

- Ei bine?

- Niciuna.

- Benito. Erau cinci. Trei au dispărut. Câti stau?

- Nu!

- Dar Benito!

- Stiu! Dar nu există. Pentru că buzunarul are o gaură! "

Cel mic a avut primul proces, minus trei, este egal cu două luate de la sine. Dar miscarea dinamică a copilului (în sfârsit, problema pantalonilor) exclude că următoarele două marmură rămân acolo. Pe măsură ce copilul se cunoaste pe sine si stie să se miste, cel putin îsi găseste drumul în propriul buzunar. Profesorul nu poate să creadă că studentii constienti pot fi găsiti. Buzunarul pantalonilor poate părea gol. Dar rascalul a observat ceva. Oferă posibilitatea de a urmări tendinta unei dezvoltări: vezi derivatul într-o situatie considerată. Derivatul derivatului. Există o crestere a cunostintelor?

Nu este că Hegel a inventat stiinta dinamică în evolutie. - „Mindfulness" este un alt nume pentru aceasta, sau „simpatie sinceră": asta înseamnă, mergi doar un kilometru în mocasinii adversarului si păstrează ochii asupra întregului.

Este vorba despre tolerantă pentru recunoasterea fragmentarului în proces. Să se întâmple acest lucru si să înteleagă statele în proces în toată diversitatea lor. Includerea distantelor nonsens între, peste, fată de suprafata de proiectie, după cum este necesar. Apoi, privind rezultatul. Continuă Hegel. Fenomenul tuturor cunoasterii, care acum devine „dinamic", este proiectat asupra noastră, precum si a unui film pe ecran. Pe măsură ce oamenii continuă să fie protagonisti, în ale căror haine luminoase (sau pur si simplu nu luminoase) actiunea fluoresce în aparentă.

Regizat si DJ al unei astfel de discoteci, este si rămâne acea parte a zeitătii, care îi place să se dezvăluie: spiritul „lumii" din partea revelată. Aceasta, din cele mai vechi timpuri. Această arenă este populată de o varietate de indivizi care sunt indiferenti, partial interesati, partial frenetici sau extatici în activitătile lor. Acesti protagonisti rămân în subiectivitatea lor negativă (în schimb) supusă evenimentului, în functie de fiecare subiect, în schimbarea circumstantelor. Adevarata emotie este sa absoarba ritmul evenimentului si sa-i permita sa curga, in mod constient si subconstient, permitand aparitia experientei unei calatorii bune, experimentand "vibratii bune".

Sau altfel o discotecă unde multimea arată ca o singură masă. Acestea sunt evenimentele sociale.

Fără opera lui Friedrich Nietzsche, aceasta ar putea fi în continuare de neînteles. De aceea îl consultăm aici. Ne-ar fi plăcut supermanul, dar este încă un proiect. Nu va exista niciun supraom. Sărac este omul, corupt si imperfect în toate felurile. Nietzsche îi plăcea să conducă pe nas, probabil întelept. Desi ni se prezintă cerinte supraomenesti în lumea modernă, suntem pasionati foarte specializati în strâmtoarea, dar pentru a reusi, cel putin supermanul a fost necesar. De aceea, gresim atât de des. Nietzsche este respins din aceste grimase umane, atât de mult, încât chiar se lasă dus cu ultima provocare. Pentru Nietzsche, nimic nu este suficient pentru a sterge ideile false despre Dumnezeu. Nietzsche este literalmente acru, coroziv. Acest lucru arată în Nietzsche că „pe măsură ce copilul a devenit" după a treia schimbare de spirit, după cum a vorbit Zarathustra, preot de foc care să-l citeze. Prometeu a adus foc omului si a suferit de această actiune antropofilă, similară cu Isus, care a adus focul spiritului ca fortă motivantă si a fost legat si a suferit. Cui nu s-a spus nimic, s-a spus totul. Oricine se îndoieste de Enoh este cu greu satisfăcut de Noe si nu-l urmăreste pe Abram până la necunoscut si îl consideră întotdeauna pe Iosif, fiul lui Israel, ca un visător; Poate chiar să-l citeze pe Moise, dar nu tremură când îl vede pe urmasul lui Moise, Iosua în Gibeon, mama Legământului de Asistentă si Loialitate.

Spiritul lui Nietzsche devine copil si ne conduce în această copilărie mintală. În altă parte, este adevărat: „Deveniti ca copii" Ca si tatăl, la fel si fiul. (Atât tatăl, cât si fiul său). Slăbiciunea sa fizică si psihică este cea care îsi exprimă puterea. Vezi si Cartea Iov. Iov pierduse totul. Fără Iov, nu putem să-l clasificăm pe Hegel, să desfăsurăm aceste circumstante în toată gravitatea. Discursul filosofic al lui Iov se actualizează: ce se întâmplă când un reprezentant al burgheziei experimentează căderea liberă în proletariat? -

Hegel depăseste revolutia si vrea să gândească si să actioneze dincolo de revolutie. Promovarea unei actiuni ultra revolutionare este un stimulent pentru el, educatorul. Revolutia, prin discontinuitatea si dezvoltarea ei haotică, corespunde gândului scepticismului cu îndoiala oricărei perceptii obiective, analog cu a doua schimbare de mentalitate a lui Nietzsche, când mintea se schimbă de la cămilă în leu. Un astfel de scepticism este cu adevărat activist, dar îi lipseste particularitatea. Prin urmare, este vorba despre experienta ulterioară a unei constiinte superioare.

„… - Lea, señor – dijo ella -, y lea alto; veremos si es tan discreto ese poeta como es liberal."
(La gitanilla, , Miguel de Cervantes)

III.

Răspunsuri. Despre asta este vorba.
Semnele de întrebare ale oamenilor care se uită în fata lor se execută de milioane de ori pe suprafata acestei lumi. Destul.
Revelatia după Ioan, 9.15 si următoarele arată viziunea unui război în curs de dezvoltare în Eufrat. Interesant este că unitatea mobilă nu este clasificată sau recunoscută ca masină, ci functionează ca un cal de război. Nu s-a putut prezenta masina la volan. De aceea cal. În caz

contrar, vehiculul blindat este bine descris în actiune în limba veche. Turnul camuflat corespunde capului leului. Coada ar fi tunul. Altfel, tunuri. Fumul si sulful după ce au dat foc. Lumea nu a văzut-o încă. Sau acum, nu-i?

Filozoful Sören Kierkegaard abia a depăsit pe Hegel si bâlbâie cu disperare idealul hegelian de educatie, de luptă pentru unirea cu spiritul. Abia reuseste sau nu, asa cum se spune în Diapsalmata. Si de ce Deci el consideră etapele dezvoltării propriei sale vieti si chiar Danes batjocore□te viata lui. Viata sa pare în mod paradoxal ca limba germană, unde „snur" înseamnă o sfoară, apoi „nora". În al treilea rând, „cămilă", o cămilă rezistă la orice, a patra „mătură de praf". Kierkegaard îsi mentine umorul nordic.

Kierkegaard stie despre sens si stie să stea de-a lungul firului rosu. Nu, dar trebuie să continuăm, acum se stie ceva precum ADN-ul. Noaptea, firul nu trebuie pierdut. Un turn supravietuieste doar iadului Ierihonului. Firul rosu duce la nora, mama tribului eliberat. Fie ... fie. Camel este spiritul lui Nietzsche la începutul metamorfozei, toate flexibile, amuzante, functionale, ascultătoare.

Măturile noi functionează bine, acesta este un mesaj vechi. De asemenea, unul mătura mătură, nu împinge praful, ci creează un vortex cu mătură rotativă. Un flux de aer, vidul îl face si mai bun. Acest lucru creează spatii pure. Acesta este scopul muncii, care are ca rezultat munca: crearea tolerantei si a libertătii în spatiul limitat si oferit! Toleranta si libertatea au nevoie de îngrijire. În caz contrar, nu vor prospera. La ce se foloseste curătarea dacă rămâne sterilă si nu permite viata? Exact asa este nasterea initială a revolutiei, camera neglijată. Dar sterilizarea cu asta, realizările sunt furate din revolutie.

Scopul este oricum indispensabil - pragmatic. În această utilitate, ratiunea regulă fără a pune întrebări acolo. Unele lucruri trebuie doar să meargă repede.

Pentru a avansa firul Apocalipsei în conformitate cu Ioan. Asa cum s-a descris mai sus - autorul intelectual prezent deja cu ocazia unor excese catastrofale în ceea ce priveste situatia precară a apei si poluarea acesteia foarte deschis.

Gândirea si actiunea materialistă excesiv a decadentului contribuie la suferinta multora.

Acelasi lucru este valabil si pentru contaminarea apelor, care sunt trase în alte părti ale revelatiei. Lipsa unei atentii depline la subiectii care actionează, săraci si bogati, provoacă toate aceste ciumă. Problemele sunt de casă si, cu sigurantă, nu în sensul zeitătii cari veghează: sunt astfel oamenii prin actiuni obraznice adaugă durere, si mai rău, reciproc. Speranta că coruptii vor continua să fie târâti înainte la judecata chiar pământească să trăiască pentru totdeauna. Fie că se tine cont de sfârsitul exemplar al tiranilor!

Fie ca rezultatul domniei lor, din ce rezultă stilul lor, să fie anuntat în continuare pentru a-si păstra aminte, fie ca toti din ei să fie dati de rusine ca în cele mai vechi timpuri.

Etapa industrială ca în Germania acum 200 de ani în perioada de după Congresul de la Viena domină astăzi în multe păr☐i ale lumii. Acest lucru afectează suprafete mari din tropice si subtropice. Lupta de clasă marxistă, condensată într-o astfel de realitate, este de natură martială si consideră dizolvarea familiei ca un efect secundar. El învinovăteste o burghezie pentru o mizerie atât de mare încât nu ar tolera niciodată un astfel de element dezintegrator pentru propria caste. În acelasi timp, el însusi descrie posteritatea drept orfană a proletariatului drept „rasa" celui mai înalt dispret pentru fiintele umane. Acum, burghezia poate fi acuzată că a exploatat-o într-un mod fără scrupule. Dar chiar si Marx trebuie să admită că i se acordă absolut vitalul (!) Pentru a permite reproducerea (fără restrictii) a proletariatului.

Sărăcia este foarte frecventă. Si totusi. Este inevitabil ca legăturile familiale să se dizolve si să se rupă cu legăturile familiale? Compatibilitatea muncii si a familiei, chiar si cu sărăcia, nu poate fi insultată întreaga descendentă a proletariatului. Proletariatul cuprinde marea majoritate a omenirii. Marx poate fi înteles destul de bine. În ciuda tuturor, este criminal să denunte puii în integralitatea lor. Comportamentul inuman cu banii pare azi fără sperantă, dacă trebuie să vezi conditiile din jurul ecuatorului. Si totusi, sărăcia materială nu este deloc liberă să provoace si mai multă mizerie din cauza lipsei de cooperare. Burghezia, după Marx, nu este constientă de efectele sale proprii ca exploatare, la fel ca Siddharta înainte de întâlnirea sa cu realitatea.

De ce atunci războiul împotriva palatelor? La urma, palatele sunt singurii parteneri capabili să remedieze situatia pe termen scurt, fără eforturi mari de ambele părti. Neîncrederea lui Marx este nelimitată si este văzută ca fiind absolută. Posibilitatea de a cumpăra om devine un element tragic în viata lui Marx. Războiul civil american si lupta împotriva vânzării vietii umane au transformat tânărul Marx, bătrânul Marx. Experienta de a câstiga împotriva sclaviei l-a învătat pe Marx că avea dreptate, mai mult decât si-a imaginat si diferit! Ar putea abolirea completă a capitalului să genereze doar conditii umane? Fata de realitate, asta nu poate fi verificat.

Cu toate acestea, abolirea capitalului este inerentă într-o imanentă a sistemului mult mai mare decât bănuia Marx. Acest lucru se datorează scăderii utilitătii marginale a procesului de monetizare, în timp ce mai multe zone ale societătii sunt afectate de fluxurile de numerar.

Banul patrunde unde chiar nu se-ar fi inchipuit.

Cu Hegel diferentiem procesele de dezvoltare individuală. Dacă fermierul scoate totul din propria fermă si pământ ca furnizor autosuficient, atunci într-adevăr nu are nevoie de bani. Cu schimbul se descurcă bine. Înainte de Revolutia Franceză, cea mai mare parte era alimentată de conditiile tărănesti. Apoi, pe piată, vin banii din produse si, de asemenea, unde taxele optionale sunt combinate în numerar. Cu o etapă initială de monetizare a populatiei, banii, în special atunci când sunt dobânditi, au un mare beneficiu si valoare în acest context. De aici fascinatia si perceptia sumbră din Marx asupra acestui instrument de plată modern, care pare să facă totul posibil.

Cu toate acestea, într-o etapă ulterioară, când banii, implicit, pătrund în toate sferele vietii, iar banii înlocuiesc toate celelalte oportunităti de schimb, iar cresterea specializării concentrează, de asemenea, aprovizionarea cu hrană în mâinile câtorva Fermieri, banii devin evidenti. Argintul îsi pierde strălucirea acolo unde totul este pătruns în sfârsit de bani. Utilitatea marginală a monetizării economice suplimentare sau a încercărilor individuale de acumulare devine negativă. Banii sunt perceputi mai mult ca o problemă decât ca o solutie, mai ales că există atât de multe dispute legate de acesta. Banii nu rezolvă totul si fiecare problemă. A fi sau a nu fi nu este deloc o chestiune de bani, ci de a păstra resursele. Protectia apei, aerului si climei sunt factori determinanti. Valoarea nepretuită a devotamentului si solidarității umane gratuite este dezvăluită. Hegel a lăsat deja foarte clar că contemplarea materialului pământesc si a materialului singur, fără includerea spiritualului, are ca rezultat cercuri închise.

Ca s-o spunem răspicat: închisori. Conditii siberiene à la Solzhenitsyn. Voilà la fin matérialiste. Uluit dincolo de pădurile Uralilor.

Aceasta este ceea ce obtineti atunci când „vă puneti mintea cu capul în jos pe picioare", asa că s-a făcut în a doua jumătate a secolului al XIX-lea. Auziti semnalele, semnalele noi, semnalele purificate.

Fără includerea idealului superior, ultima valoare scade si mlastina din care am urcat este din nou atinsă.

În lucrarea sa „Initio" Novalis (Friedrich von Hardenberg) descrie cum poate apărea contactul cu „Constiinta superioară". „Nu poate fi în stare de ebrietate, scrie el, „apropiindu-se prea mult de cercul său magnetic din această lume mare".

Pe orbita acestei lumi, pe vremea sa intră latura pozitivă, executia pozitivă a intrării, în

Hegel. Initiativa, actiunea si dinamismul sunt inerente spiritului. Încorporarea si transferarea constiintei superioare propriei experiente este pur pragmatism, deoarece altfel observatorul rămâne pur si simplu în interesele sale pământesti opuse sau „luptele transe".

Consecinta de a permite doar obiectivitatea în negativul real („abordarea problemului prezent") ca contrapartidă conduce la o perceptie a „noi si a lor" si la consecinta mentalitătii confruntării. Acolo unde acest lucru a fost dovedit suficient în ultimii 200 de ani de la Waterloo. În Waterloo, Europa în ansamblu a pierdut.

După cum se arată, o stiintă conform lui Hegel permite o reprezentare foarte precisă a lumii experientei. Planta de formare delicată si devine pentru perioade lungi dincolo de sine înspre cer, spre lumina opusă.

Un punct de discutie stiintifică după Hegel nu poate fi răspuns decât în acelasi mod. În caz contrar, orice dialog ar esua.

„..el vno ni el otro no passauan de diez y siete, ambos de buena gracia, pero muy descosidos, rotos y maltratados; capa no la tenian..."
(Novela de Rinconete y Cortadillo, Miguel de Cervantes)

IV.

Cea mai periculoasă si devastatoare ideologie care a fost făcută publică si pusă în practică cu comunismul, este. Fără Marx nu Hitler. Hitler nu era un national fascist, ci un national-socialist. Hitler s-a ocupat de Marx si a învătat decisiv de acolo.

Socialismul national german nu trebuie înteles doar ca adoptând eticheta socialismului, ci nu, dimpotrivă. Socialismul national este o parte integrantă a miscării de muncă progresiste. Hitler insultă comunismul sovietic dintr-un alt colt al aceleiasi miscări, bolsevicii îi apartin drept concurentă, este o directie concurentă, progresivă si ea, de aceea, foloseste chiar numele partidul lor ca neplăcut.

Comunismul a distrus mai multi oameni decât oricând înainte de o altă cauză singulară. Ideea comunistă, asa cum s-a demonstrat până acum, este orice, dar inofensivă.
Lupta de clase nu este încă uitată. Enigmatic, o tară precum India. O civilizatie veche, cu bariere de clasă foarte strânse, aproape insurmontabile.

Nu au mai rămas nimic de pierdut: Marx se grăbeste controversat. Nu ne spune viata? Chiar si viata dincolo de orice limită de sărăcie merită trăită. Si viata lucrătorului, precum si cea a burgheziei mărunte, merită în continuare aceeasi, potrivit lui Nietzsche: „valoarea infinită".

Ce? - Nietzsche un reactionar? Cu greu: Nietzsche, pionier decisiv al vremii după înselăciunea materialistă de pe ambele părti ale liniilor. Săgeată în drumul învingătorilor. Tremurând, săgeata lui este deja pe tintă.

"Proletarii din toate tările, uniti-vă!" - Îsi murdăresc mâinile. Altfel, actiunea ar fi un rationament pur. Si se contaminează. Se murdăreste - la luptă. Cine va supravietui va supravietui si va câstiga. Este o retorică a confruntării demne de un comandant în fata ostilităților care se apropie. Aceasta este Demagogia Marx în cea mai pură formă. Proprietarii: bă ură - Uniti – ură – da, urălogie.

Manifestul comunismului este neconditionat si explicit un strigăt de război si un cântec de luptă, o declaratie de război deschisă si proclamată sincer pentru fiecare care nu face parte din masa revolutionară rebelă.

O atitudine de a nega contactul cu lumea si de a continua să asistăm, această atitudine pacifistă, este aproape imposibilă într-o societate atât de revolutionară. O astfel de persoană ar putea, totusi, să aibă noroc si să fie lăsată singură ca un „idiot util". În arhivele statelor socialismului puteti investiga ce constituie imaginea oamenilor tovarăsi. Jargonul, jargonul, jargonul. Jargonul spune totul, trădează totul, contine totul. Jargonul descrie valoarea spionului mai bună decât observatiile în sine. Ce era important pentru ei, Securitatea?

A experimenta comunismul în propriul corp înseamnă a experimenta slăbiciunea umană arătată. Persoana învinsă ne găseste. Situatii care erau zeci de mii în fiecare zi. Normalitate, nimic mai mult. C'est la vie. Cei care au văzut acest lucru au uitat să păstreze asteptările - cel mai putin de la sine. Unul rămâne cine este, ca o natiune dispersată. Este suficient. Fiind rănit, mai mult decât vă puteti imagina, a trebuit să fi acolo unde ai crezut întotdeauna că sunteti acasă. Lumea s-a schimbat.

Si schimbarea monarhiei autoritare într-o dictatură autoritară modelată de ideologie, este o schimbare deloc? Cine vrea să-si tină capul, îl foloseste exclusiv ca raft temporar pentru sapca în monarhie, precum si în dictatură si respectă, după caz, regulile respective, srise si nescrise.

„Spiritul mondial" ca în Hegel este înlocuit de materialismul negativ în sensul hegelian, care contrastează cu inertia dezvoltărilor mondiale, pe de o parte, unde reactia este asteptată. Reactia este pur si simplu letargia conditiilor traditionale.

Marx prezintă un spirit revolutionar ca o furie legitimă, si mai logic.

Că puterea exercitată de clasa conducătoare este redusă la mijloacele de schimb de „bani", asa cum s-a afirmat si dispar toate formele de exploatare mult mai rigide, pe de altă parte, nu este apreciată în mod pozitiv în manifestul privind avantajele acestuia lucru: Serviciile feudale cad.

De ce nu este recunoscut ca fiind benefic? - Se sugerează că absolutismul feudal, care a tinut oamenii legati de servitute, s-a amestecat perfect cu dependentele totale burgheze. Cu toate acestea, pentru societătile burgheze, chiar si în cazul sărăciei mari în sectoare mai largi ale societătii, libertatea de angajare si libera circulatie a lucrătorilor sunt în general valabile. Drept urmare, foametea generală improprie postulată nu a avut loc după 1848, deoarece progresul tehnologic în industrie si utilizarea îngrăsămintelor în agricultură au slăbit lipsa. În plus, începutul educatiei obligatorii a integrat copiii din toate punctele de viată în posibilitătile de progres economic si social. În plus, emigrarea în masă în toate părtile lumii, în special în Statele Unite, a redus presiunea populatiei în ceea ce priveste oferta.

Marx si Engels apar ca „sefi de război". Întelesul si scopul sunt îndeplinite atunci când este solutionată contradictia percepută a dreptului de proprietate. Dar înainte de asta nu există decât violentă neîncetată si brutalitate doar prin puterea asupra resurselor naturale. Scopul este epuizat în lupta de clasă. Nu există pace până la victoria finală, decât pentru tactici imponderabile.

Si totusi, solidaritatea în cadrul comunitătilor proletare si printre ele este presupusă si cerută ca existentă. Loialitatea la obiective este obligatorie fără exceptie. Un discurs în sensul unor dialoguri deschise de spirit liber nu va fi tolerat. Educatia este legată material si instrumentalizată în revolutie. Individul nu are dreptul la particular. Acolo unde permite acest lucru, va apărea ca o favoare.

Comunismul ateu, tipic european în secolul al XX-lea, nu a reusit niciodată să înlăture aspectul unei religii alternative.

Scopul este determinat de progresul revolutiei si nu mai mult de scopul materialist, deoarece termenul scop a fost folosit anterior fără ceremonii. Revolutia a profitat practic de mentinerea si redefinirea acesteia la propria discretie. Asadar, dacă scopul banal nu este doar un scop simplu mai zadarnic, cui îi pasă de mijloacele de aplicare a acestui lucru? În Franta, domnia terorii a durat multe luni, în Rusia săracă a secolului XX, totusi, multe decenii!

Din România, pierdută în „particularitāti" si hotii care erau tipici epocii de aur în urmă cu 2000 de ani chiar si la Roma, această ideologie a servit cumva mai mult decât ca un catalizator pentru oportunisti, care au adus nepotismul si traditia a coruptiei si beneficii injuste. Ca o seră. Este necesar să se dezvolte idei care depăsesc vocabularul revolutionar al vocabularului pentru a găsi un limbaj pe ceea ce trebuie să urmeze, fără a aduce atingere succesului răsturnării sau vecinătății sale.

România mare, cu traditia sa antică, care se află acasă chiar în Historia Constantinopolul târziu, această continuare a Imperiului Roman într-o traditie neîntreruptă, în contrast cu toate celelalte mostenitoare ale Romei, au nevoie din nou de conducători modeste ca precum Vespasian. Le doresc o victorie postumă pentru Pompei asupra lui Iulius Cezar. De când Pompei a pierdut în fata Cezarului din Balcani, nu au existat de fapt rezultate pozitive. Vechea republică, măsura lucrurilor ca si cum ar fi de Tacit, este încă măsura. Cosmarurile tiranice erau suficiente.

Potrivit lui Hegel, constiinta superioară este atinsă numai după o lungă călătorie de educatie, iar în realitate se manifestă prin faptul că toată lumea îsi găseste fericirea. Este nevoie de răbdare.

*„?De que tierra es v.m., señor gentilhombre,
y para adonde bueno camina?"*
*„Mi tierra, señor cauallero", respondio el
preguntado, „no la se, ni para dónde camino
tampoco."*
(Novela de Rinconete y Cortadillo, Miguel de
Cervantes)

V.

Plus ultra – Si vom duce mai departe.

Învătământul superior obtinut - inteligent.

- "…universitătile germane aici: ce aer printre
academicienii tăi, cât de trist, ce spiritualitate
săracă si călduroasă! Ar fi o neîntelegere

profundă dacă ai vrea să obiectezi la stiinta germană aici si, de asemenea, o dovadă că nu ai citit un cuvânt de mine".

(Friedrich Nietzsche, Götzendämmerung, Ce lipsesc nemtii, 3)

Cine vrea să fie mai destept? - A fi prins în războiul materialist în transee înseamnă a te scufunda în noroi.

Ceea ce a mai rămas este ura. Doar constructia dialecticii „materialiste" este un sacrilegiu pentru Hegel. Este dialect martial, nimic de altfel.

În secolul XX, erau armele care vorbeau, si nu filosofii. Cât de distras aristocratia europeană, acest clan, a intrat în bătălii de transe. Focul până când explodează timpanul. Războiul ca „ultima ratio".

Hegel nu cunoaste „ultimul raport". Spiritul pune fata. Mindfulness nu cunoaste optiuni limitate, doar scopul oricum, si dupa, perseverenta până la atingerea obiectivelor.

Totul pragmatic este profund interiorizat în mentalitatea svab-germană. Nu trebuie neapărat să fie idealist: este suficient să cunoastem mentalitatea celor care spun: „Cum ar trebui să stiu ce gândesc înainte de a auzi ce am spus?"

Libertatea de exprimare este atunci când nu trebuie să cântăresti ceea ce vei spui.

În schimb, manifestul comunist spune: „Descoperirea Americii ... a creat un teritoriu nou pentru burghezia din nou". Pentru aceasta ne uităm la perioadele relevante. - Pe coasta de est a Americii de Nord, norvegieni au lăsat urmele lor. Dacă ar fi acestea contribuind la distrugerea culturilor mayase prin activitate la acea vreme? Ar fi o teză speculativă datorată coincidentei temporale a disparitiei unei culturi înalte, a unei „cuceriri distructive anterioare" cu eliminarea concomitentă a memoriei. Până acum, este clar doar că au existat civilizatii foarte vechi, iar munca celor din nord a fost întotdeauna eficient.

Columb a ajuns în Bahamas în 1492. 1607 Jamestown Foundation. Începuturi modeste acolo, la 115 ani (!) După descoperire.

Colonizarea în numele regilor catolici din altă parte, s-a dezvoltat foarte diferit, deoarece aici existau deja regate avansate, care erau în mare măsură receptive la civilizatie si, prin urmare, declinul lor era conectat într-un destin diferit. După ideea Medievalului de a cuceri un regat, după exemplul cruciaților cum se purtau Spaniolii. Au venit din Europa, pușcașii și anturajul lor, condamnați criminali, prostituate deportate, handicapati mintali și abuzatori, persecutori de tot feluri. Forta motrice pentru cei mai îndrăzneti dintre ei a fost de fapt pofta de aur si argint - ceea ce Marx face ca baza ideilor sale. Înlăturarea regulii aztece este o traumă care continuă până în zilele noastre.

Cinci sute de ani mai târziu, traditia împotriva indigenilor continuată într-o manieră macabră. Nu este faimă. Ar trebui să fie într-adevăr necesar să protejăm oamenii ca specii pe cale de disparitie, precum speciile animale pe cale de disparitie?

Nu puteti vâna piei rosii doar pentru că ati făcut-o întotdeauna asa, à la Paraguay.

Ce ne-aduce dreptul international dacă rămâne neaplicabil în cele America?

Columb i-ar fi fost greu ca sosirea lui acolo să fi provocat singur genocid si numai asta.

Este inerentă culturilor înalte, de a nu aprecia periferia.

În „Prosperitatea natiunilor", Adam Smith povesteste de ce munca valorează mult mai mult pentru capitalul fizic din Statele Unite decât pe vechiul continent european. Prin urmare, există salarii mai mari, conditii mai bune si, de asemenea: sclavie.

Abia când regele englez a avut ideea că pot exista venituri fiscale pozitive, rezistenta s-a agitat, ceea ce a dus la final la lupta pentru independentă. Înainte, prosperitatea nu se întâmpla. Ceea ce a dus în cele din urmă la independenta celor 13 colonii de pe coasta de est a Statelor Unite, au fost procese extrem de haotice, care nu au nicio legătură cu evenimentele inteligibile rational, cu considerente de cauză si efect, cu toate acestea, pădure primară, triburi indigene.

El condor pasa.

Coroana franceză a sustinut activ eforturile de independentă de pe cealaltă parte a Atlanticului. Mai târziu, Franta Napoleonică a permis extinderea decisivă a Statelor Unite ale Americii spre vest. Franta acordă părtii contractante, pentru o plată relativ minoră, extinderea zonei din Mississippi si, prin urmare, către Midwest. Franta nu numai că eliberează statul sclav din Haiti si îi conferă independentă, dar permite si revendicările SUA în Louisiana (zona Quebec până la delta râului Mississippi). Statele Unite absoarbe revolutionarii europeni esuati după 1848. Marx ignoră Lumea Nouă si, prin urmare, este în bună companie. Ceea ce se întâmplă din cealaltă parte a Atlanticului nu este luat în serios în Europa antică: jocuri de cutii de nisip ale exilului experimental (norocosi, aventurieri), în special, o tânără democratie instabilă la marginea lumii civilizate.

America Centrală si America Latină sunt influentate de aceste evolutii într-un mod complet diferit. Influenta europeană devine mai mult sau mai putin independentă acolo, într-o cvasi-continuare a centrelor de putere anterioare, a fost în aceste regiuni extrem de dezvoltate, care au fost guvernate anterior de azteci si inca.

Manifestul consideră că inovatia tehnică este un simplu scop în sine, promovând exploatarea. Exploatarea, pe de altă parte, nu este o inovatie, însă exploatarea rezultă din prostie, din greselile capitalistilor, in continuarea ideii sclaviei. Nu degeaba se spune următorul lucru: „Actionarii sunt prosti si insolenti, prosti, pentru că îsi lasă banii către altii pentru a câstiga alti bani, si insolenti pentru că ei tot insistă ca dividendele lor să fie plătite". Din partea muncitorilor care sunt strecurate ca niste lămâi, iar storcătorul de lămâie este din ce în ce mai eficient, asta rămâne dacă procesele economice nu sunt corectate. Ca si cum ar vorbi un detinut pe viată.

- Trăiesti pentru ziua de azi, trăiesti foarte repede - trăiesti foarte iresponsabil: asta numiti „libertate". (Friedrich Nietzsche, Götzendämmerung, Raiduri ale unei inoportune, 39)

Libertatea exclude egalitatea si fraternitatea. Asta, cu exceptia cazului în care cineva citeste drept, libertate în valoare egală în căutarea libertătii cu solidaritate neconditionată în caz de nevoie si fraternitate în tratamentul reciproc. Dar dacă egalitatea iresponsabililor celorlalti necesită abandonarea completă a libertătilor existentiale si materiale, nu există fraternitate.

Când bucuria se întoarce la Bucure□ti, Palatul Poporului este demolat, iar Uranus este reconstruit. Epoca de Aur a lăsat o multime de gunoaie si defecte arhitecturale care trebuie corectate pentru a rupe apatia.

Această dispută poate fi observată, de exemplu, din rezultatele obtinute în Peninsula Sinai,

- când acel popor ales a abandonat exploatarea în Egipt, civilizatia prin excelentă, pentru a trăi în libertate. Colonelii sclaviei înarmati se scufundă în apele Mării Rosii. Tiranii nu sunt liberi, nu egal nici nu sunt fraterni. Moise, pe de altă parte, este reprosat cu fiecare ocazie. Moise insistă, respectând întotdeauna motto-ul si destinul său: eu sunt acelasi care te-a cunoscut în Egipt si încă rămâne. Anumit nume este scut cu valoare de recunoastere.

Multi cred că trebuie să fie ceva ce nu sunt. Dă-ti seama că calea a fost trecuta deja prin altii. Atunci construi o nouă existentă.

Materialul este imprasitiat peste tot. Ce nu stii, poti verifica pe internet.

Trece dincolo: Nietzsche spune că este de o nevoie existentială, de a suferi presiune.

Kierkegaard a experimentat astfel:

- „Singurul care a suferit nevinovat din cauza păcatului a fost Hristos, dar nu l-a avut ca destin în care trebuia să se regăsească, dar a fost întristat să aleagă să suporte liber păcatele întregii lumi si să sufere pentru ei pedeapsa". (Sören Kierkegaard, primul capitol, § 4, termenul frică)

El avea astfel zicala în gură si nu-i întelegea sensul. Pedeapsa suferită a fost făcută, iar cei care nu cred în ea au acum o altă pedeapsă: anume să rămână vagi. Dar pedeapsa în sine si vinovătia lumii sunt plătite. Nu se zguduie asta. Ar fi dificil să se demonstreze acest lucru dimpotrivă. Unul ar trebui să excomunică cel putin întreaga carte a lui Isaia. Balaam s-a confruntat cu o astfel de provocare si nu se mai descurca bine.

Kierkegaard probabil că l-a înteles pe Hegel mai ales că a fost capabil să-l urmeze pe pământul său. Cu toate acestea, adăugarea anterioară sugerează că Kierkegaard a calculat gresit credinta lui Hegel în scopul lui Hristos, care nu distinge atât de mult între prieten □i dusman, ci acordă atentie doar prezentei spiritului de deasupra. Hegel nu solicită nimănui „salt speculativ" sau orice alte premise. Hegel stabileste clar faptele si, prin urmare, creează unitatea abordării holistice, inclusiv toate fragmentele si întrebările deschise. Nietzsche adaugă că nici nu trebuie să subliniem religiozitatea provocatoare si, prin urmare, să excludem arogant pe ceilalti.

Stiinta si lumea cu conditiile, directia, forma si succesul lor nu reprezintă responsabilitatea subiectilor si nu a indivizilor umani, ci fac toti parte din parturienta realitate. Cu alte cuvinte, mintea umană nu poate si nu are nevoie să înteleagă mai mult decât pur si simplu sa cade de acord cu timpul.

*„Pues en verdad“, dixo el mayor, „que no
parece v.m. del cielo, y que este no es lugar
para hazer su assiento en el, que por fuerça
se ha de passar adelante.“*
(Novela de Rinconete y Cortadillo, Miguel de
Cervantes)

VI.

Poate apartin unei generatii, copii arse.
Urletul constant de război deschis sau subtil
si lupta de clasă nesfârsită s-au dezvoltat în
spatele trecătorilor. Cei care întâlnesc bestia
din întâmplare, batalioane regulare de
infanterie.

Bătălii materiale în care existenta personală este pusă în prim plan pentru a functiona ca parte a unui public imens instrumentalizat ca un tablou de sunet care este martor la devastare si recreere. Martorii vor evolua din evenimente irationale absurde care sunt strict consecutive si se suprapun contingente. Mintea formează corpul dincolo de orice întelegere. Întelegeti existenta cuiva ca un dar ocazional, ca o exceptie si un privilegiu care respectă regula distrugerii în masă de pe câmpurile de luptă restrânse.

Educat să se reziste apelului banilor, apelului medicamentelor, ci apelul este să fi imun la toate ofertele de seductie materialiste. A fi sau a nu fi, nu este problema cu ban. Nu ne te lasa se te deranjează averea!

Vrem doar să rămânem cine suntem si să ne păstrăm ceea ce ni s-a încredintat noua cu drag! - Dacă utilitatea marginală a achizitiei suplimentare este pozitivă sau negativă, nu ne sperie! Orice apel material suplimentar: cui îi pasă? Nu a fost materialul priceput ca dar? Ne poate favoriza norocul dacă asteptăm doar si devenim întelepti cu comportament aleatoriu. Colectează Dante, date si trăieste-ti minunea.

Armatele mercenare au fugit din gărzile revolutionare franceze care se apropiau sub conducerea lui Napoleon. Îsi împliniseră timpul. Stiau că viata este mai mult decât plata, nu doar pentru că, dacă consumatorul vrea să consume, atunci trebuie să rămână intact pentru asta. Atât timp cât nu este la îndemână, toată lumea este curajoasă.

Imediat cum impacturile focului dusman se apropie, totul se schimbă. Veni, vidi….

În 1813 existau mai putine armate mercenare care se apărau victorioase, dar corporatii studente voluntare. Cu toate acestea, după ce si-au câstigat meritul pentru restaurare, nu au arătat suficientă întelegere a inevitabilului.

Materialismul pur provoacă nu numai degradarea si degradarea societătii capitaliste, ci si cea a proletariatului. Prăbusirea miscării revolutionare a fost asociată cu declinul elitei regale. În situatia de viată a terorii, evenimentele urmează calea întâmplării. Paradigmata revolutionarilor este în cele din urmă abuzată si instrumentalizată de protagonisti către interesele private. Imprevizibil, găsim revolutia, materialismul neutralizându-se prin rotirea în jurul propriului centru de gravitatie.

Din materialism, se poate fi salvat. Acesta este unul dintre fundamentele prin care există materialismul.

Pe de la o parte, acest lucru este posibil, permitând banilor din sfera privată să aibă o functie subordonată sau pur intentionată. "Lucrez eu pentru a trăi sau am eu a trăi pentru a lucra?" - Prin urmare, rezistenta la apelul ofertelor ieftine suplimentare creează cel putin o frână de constientizare.

Dacă sectoarele monetarizate ale unei economii (limitate din punct de vedere geografic) sunt obligate treptat, sector după sector, piată pe piată, după nevoia, produsele sau serviciile de a fi gratuite sau aproape gratuite, calitatea vietii va creste în regiunea respectivă, de asemenea nivelul pret si potential de venituri în domeniile de activitate rămase în care piata continuă să functioneze.

Un oras, de exemplu, unde transportul public este puternic dezvoltat, este prietenos cu clientii, destul de ieftin si eficient, are venituri mai mari decât altfel, unde infrastructura este mai slabă. Acolo poate trebuie să tii o masină, cu chiriile, mai ieftine.

Sau acest oras are, de asemenea, o cresă bine dezvoltată, un sistem de asistentă medicală gratuit sau similar, imigrarea este acolo, în Disney World, atât viată cu cât mai atractivă si bună. Intrarea acolo sau costul proportional rămas al vietii în urbs gestionată corect va fi mai mare decât peste hotare. Roma aeternum.-

Chiriile din metropola civilizată cresc în termeni reali de omni mensura, pentru că mai multi oameni doresc să se mute decât pot. Dacă conservarea energiei de masă este corectă, zonele monetizate rămase încorporează puterea economică si veniturile potentiale ale tuturor celor oferite gratuit si le absorb. Plătesti cu chiria infrastructurii de pe site, deoarece poti solicita un meniu „tot ce poti mânca".

O societate complet demobilizată, pax romana cum, orientată spre scopuri, asa cum este postulată si de comunistii huliti, este o idee infinit de dorită, dar, în practică, s-ar fi dovedit că orice zonă cea mai mică în care ar rămâne trocul, relatiile comerciale între locuitori, preturi si profituri vor creste la fel de exorbitante. . Profitând de cel mai mic avantaj, cele mai drastice măsuri luate de tutore împotriva coruptiei ar fi fost deja provocate. Lupta de clase ar fi aceeasi in perpetuum.

Ca un gest de recunostintă, o garoafă este suficientă si pentru tovarăsi doar într-o măsură limitată. Muncitorul preferă cartofii si cu varza si cu fasole caldă pentru premiul „lucrătorului lunii". Alimentele contează. Un vechi proverb norvegian merge astfel: "Oamenii au nevoie doar de pantofi buni si de un pat bun. Dacă nu sunt într-unul, sunt în celălalt."

Lupta va fi nesfârsită. Nenoricita luptă de clase nu se termină niciodată - de aceea trebuie noi să o oprim în mod eficient. Tot materialismul ar trebui să dispară pentru a face inutila teroarea, dar, în acelasi timp, miscarea stă la baza materialismului dialectic. Materialismul trebuie expulzat cu materialismul pentru ca materialismul să nu mai apară.

Înapoi la inocenta popoarelor primitive, - □i Nietzsche:

- " Ei doreau să readucă omenirea la o măsură anterioară a virtutii. Moralitatea a fost întotdeauna un pat de procrustean. Chiar si politicienii l-au imitat în predicatorii virtutii: există încă partide care visează să privească înapoi cu toate lucrurile ca obiectiv. Dar nimeni nu este liber să fie canceros, miscându-se de invers. Nu ajută: trebuie să dai inainte. "(Friedrich Nietzsche, Götzendämmerung, Raids of an Inportport, 43)

Vai de biet român saracul…

Emanciparea conceptelor reale conduce subiectii la limitele posibilitătilor lor de influentă, la limitele puterii lor. La fel ca Napoleon, la Moscova, a aflat că trebuie să existe o neîntelegere. Napoleon a ajuns acolo la un orizont. Fiecare activitate a avut consecinte diferite decât se astepta. Busola veche nu mai putea fi folosită. Napoleon, care trecuse dincolo de sine, si cu el puternica sa armată de coalitie, s-a pierdut si a început să se comporte ca si cum s-ar fi pierdut.

Acelasi lucru repetat tragic în secolul XX motorizat. Asezat in noroi, ultima speranta este un ceai fierbinte în mâini.

În „Război si pace", Tolstoi încarcă lucruri, acolo unde devine absurd, germanilor, de ambele părti ale liniilor de front. Rusii au generali si soldati nemtesti, francezii si tot mai multi din ei. Vina acum, nemtii, analistii, care nu reusesc, care trebuie să esueze, inevitabil, tocmai pentru că o explicatie, o strategie trebuie să servească drept cuvânt, un concept pentru orice. Ru□ii nu ar trebui să aibă chef să înteleagă, ci mai degrabă să nu fie lăsati în urmă la tuica, să se lipească de dans.

Provocarea rămâne să le sugerez germanilor si tuturor celorlalte beneficii ale unei stiinte care se pierde în lucrarea spiritului si se integrează acolo. Mai ales că lucrarea spirituală este mai puternică ca niciodată, deoarece mijloacele sale fizice de comunicare în tehnologia informatiei emergente s-au condensat si s-au concentrat într-un mod niciodată văzut în istorie. Spiritul, înteles aici ca partea sa creatoare revelată, cunoasterea umană acumulată, este încorporat ca orice capital material si uman, indiferent de valentă. Apropierea de asta, duhul de întelepciune functionează si uimesc unde, altfel, vointa a fost în zadar. Călătoria din ziua precedentă atinge destinatia si scopul cu un singur clic al mouse-ului. Duhul se cufundă în evenimentele mondene.

Camerele de productie ale produselor postmodernitătii planificate uriase anuntă influenta neconditionată a societătii umane convertite în cunostintele datorite lor. Termenul, homo sapiens, se referă la munca spirituală a speciei, împlinindu-se chiar în eliminarea putin cate putin termenului de diferentiere între activum – passivum.

„Assi es", respondio el mediano, *„pero yo he dicho verdad en lo que he dicho"*
(Novela de Rinconete y Cortadillo, Miguel de Cervantes)

VII.

Lupta de clasă este complet absurdă, pentru că este vorba despre bani si posesiuni, bunuri abstracte nepersonale. Dacă, de asemenea, luati în considerare cât de usor poate fi transferul de bani - dacă găsiti bani abandonati, puteti să-l strângeti pur si simplu - este surprinzător cum o persoană „fără de Dumnezeu", precum Karl Marx, cel mai bun economist al vremii sale, în special: oamenii, diferentiati pe baza structurilor de proprietate? - O persoană fără posesiuni nu este în niciun fel inferioară unei persoane bogate în ceea ce priveste umanitatea. Inclusiv dinamica si puterea de a sechesta de bani prin furt sau jaf arată cât de importantă este puterea în transferul proprietătii. Prin urmare, răsturnare. Dar în lumea reală ideea de Dumnezeu joacă rolul propriu pe care Marx nu îl poate scăpa, structurile de proprietate sunt stabile si acest lucru nu se datorează numai eficacitătii statului de drept. Statul de drept realocă proprietatea, iar structura de proprietate este stabilă, în ciuda activitătilor sale! Trebuie deci să existe ceva ca Dumnezeu care modelează si mentine structurile de proprietate. Pentru a se îndepărta de aceasta, a desfiinta proprietatea cu totul - aceasta este îndemnul inerent al lui Marx de a se distanta de gândul fatidic al proprietătii, de a se îndepărta de o entitate care intervine impersonal în sorturile individuale. Revolutia americană presupune: oameni sunt „echipati" de drepturi de nerezolvat. Indiferent de nedreptatea care provine, fără îndoială, din proprietatea distribuită, există o caracteristică pe care Revolutia Franceză o postulează si anume dreptul la un tratament egal în fata legii. Regele este ghilotinat doar pentru că este prins încercând să scape. În sfârsit, revolutiile europene din 1848 au confirmat că omul era înzestrat cu drepturi naturale! - Dar cu asta, postulatul comunistilor este o pierdere, totul este luat de la oameni dacă proprietatea nu mai este permisă. Totusi, dinamica recuperării proprietății joacă un rol semnificativ în circumstante reale, chiar si în confiscarea repetată a drepturilor si a proprietății. Eficienta si capacitatea de a se angaja în interesele comunității si de a crea

valoare cu greu pot fi îndepărtate de oameni
- chiar dacă comunistii o asumă atât de ferm.

În conformitate cu sistemul juridic existent,
autoritătile locale si cooperativele îsi pot
îndeplini imediat propriile forme de comert si
de viată într-o asa-numită ordine socială
„corectă", cum ar fi un „kibbutz" în agricultură
în statul Israel. Astfel de forme de muncă si
de viată pot fi stabilite si gestionate în toate
sectoarele si în toate locurile; Antroposofistii
au reusit să gestioneze astfel de cooperative
de mult timp. Economia de piată existentă
permite municipalitătile pozitive pe baza
contractelor. Membrii pot cumpăra,
tranzactiona, trăi, lucra cu propriile carduri de
credit bonus din societatea cooperativă.
Comunistii pacifisti, o alternativă, practică
deja viata în cadrul cooperativei. Acest lucru

nu ar necesita efort sau răsturnare, mai ales că cooperativele ar putea colabora în grup. Cât de reusit este oricum cooperativa, nu este o evaluare a economiei de piată si nu ar trebui privită ca un concurent al economiei de piată, deoarece calitatea vietii în cooperativă, asa cum s-a mentionat deja, este diferita.

Biserica catolică, de exemplu, a practicat mănăstiri: secularizarea acestor bunuri a avut loc odată cu declinul vechii rânduieli după Napoleon. Membrii au un cost diferit al structurii vietii private decât cei care sunt angajati în altă parte.

Subculturile de cooperare, care sunt perfect compatibile cu ordinea existentă, nu trebuie să fie aplicate prin război. Nu poate fi folosit gresit ca motiv de subversiune. În plus, acordarea de bani nu este interzisă în capitalism. O astfel de subcultură poate fi proiectată (aproape) fără procese de schimb în relatia internă între tovarăsi, procese de schimb care nici nu necesită colectarea TVA. Nu munca si lupta determină viata de zi cu zi acolo, ci creativitatea comună si persistenta în implementare. În discutie este promovarea subculturilor, care poate extinde si diversifica posibilitătile vietii.

„…mi tierra no es mia, pues no tengo en ella mas de vn padre, que no me tiene por hijo, y vna madrastra, que me trata como alnado; el camino – que lleuo, es a la ventura, y alli le daria fin, donde hallase quien me diesse lo necessario para passar esta miserable vida."
(Novela de Rinconete y Cortadillo, Miguel de Cervantes)

VIII.

Inovatia ca trăsătură distinctivă, chiar si Adolf Hitler ar dori să o fi recunoscut. Spre deosebire de rasele umane inferioare si cele care păstrează doar cultura, rasa ariană produce o dezvoltare ascendentă. Acest tâlhar se considera ghidat de „Providenta" sa. Fără această componentă metafizică, fără recunoasterea acestei legături spirituale, actiunea, carisma si forta motrice inerentă actiunii ar fi înteleasă gresit. Este posibil ca el si anturajul său să aibă crezut cea mai mare parte din asta, altfel ar fi greu de înteles.

Hegel se exprimă deschis peiorativ fată de colegii care doresc să deducă din fizionomia oamenilor, adică aspectul exterior, valorile interne sau caracterul lor. Si deci, aici există deja o respingere clară a oricărui rasism.

Împerecherea speciei umane: un puzzle nesolutionat fără solutie.

Hitler, ca să spunem asa, a efectuat o „reevaluare" a tuturor valorilor configurate de

Nietzsche. În „Amurgul idolilor" (4), Nietzsche declară: „umanitatea ariană, foarte pură, (...) aflăm că termenul„ sânge pur "este opusul unui concept inofensiv": al neamului uman si al naturii conform indianul, chiar Nietzsche refuză să pună cuvinte, el rămâne însusit diametral opus. Siddharta fusese traumatizat mult mai devreme, prin exagerarea metafizică a segregării. De ce vechea civilizatie continuă să functioneze trebuie să functioneze: această întrebare nu poate fi răspunsă rational. De fapt, dacă Shiva este forta creatoare distructivă, de ce aspectul extern nu se schimbă acolo unde este venerat? Această piatră sculptată?

Puterile ezoterice, ale căror seminte sunt asezate atât pentru subiecti vii, cât si pentru cei neînsufleti, par să fi fost observati în

Hegel, în India, pe drumul către fazele exoterice ale evolutiei realitătii, cursul lung al devenirii. Cu toate acestea, se pare că nu a fost despachetat sau pornit. La sursă, este ca si cum ai rămâne într-o simplă negativitate. De parcă statul ajuns a fost ultimul imaginabil! Prin urmare, ceea ce lipseste este doar acea iubire care explodează prin cordialitate si expulzează negativul existent la următoarea manifestare. Prinde mâna apucată, apucă-o. În schimb, cursul procesului de a deveni neînteles si de astepta cu nerăbdare să fie recunoscut, tratat si schimbat, astfel încât, în forma dezvoltată, întregul să apară clar si să nu rămână în traditia vag esoterică: visare spre, alta aurora.

Generalul creste acolo, la particular, la rezultate. Aceasta urmează în cazul în care stiinta surprinde întelegerea multiplă a momentelor evolutiei temporale în etapele de dezvoltare si organizează comoditatea activă, iar nu la început rămâne ca si cum începutul ar fi deja sfârsitul.

Numai acolo apare energia si ascensiunea, unde se folosesc de etapele metamorfozei si, în acelasi timp, le conservă în diversitatea lor, unde regenerarea amenintă să se usuce din cauza utilizării excesive. Aceasta este investitia si îngrijorarea „fortei motrice".

Ca „enfant teribil", Nietzsche nu pierde ocazia de a jigni reprezentantii crestinismului său contemporan. Lucrul remarcabil despre opera si scrierea sa este iconoclasmul fanatic al timpurilor moderne, ca să zic asa, al mâniei „sfinte" împotriva a ceea ce au criticat deja vechii profeti: „Acesti oameni se apropie de mine cu buzele lor, dar inimile lor sunt departe de mine ". Interpretarea gresită a Bibliei, acordând o atentie exclusivă discursurilor teologice derivate din ea, este ceea ce o face să critice stilul de viată al bisericilor din acea vreme. Nietzsche nu se îndepărtează de provocările împotriva unui astfel de comportament, pe care îl consideră ostil vietii.

Cu toate acestea, el subliniază tocmai că: crestinismul este „religia anti-ariană prin excelentă". A spune că Nietzsche întruchipează crestinismul într-o manieră similară cu credinta lui Iov în Dumnezeu si mai ales în retorica îndoielii. Limbajul îndoielii permite mintii, în sensul unui Hegel, să fie deosebit de sensibil la perceptia subiectului, a individului uman. Introduce dialogul - sustine contrastul. Apoi Nietzsche a spus: „Aceste ordine sunt destul de instructive". Ordinea divină, transformă planeta într-o oază înfloritoare. Nu există nicio negociere - Si totusi, diversitatea sa rămâne cea mai frumoasă. Un puzzle,

În Australia, si mai ales în Tasmania, oamenii au trăit în cele mai simple conditii si cu putine inovatii tehnice si instrumente pentru o lungă perioadă de timp. Desi ar trebui să se suspecteze contrariul, atasamentul fată de ceea ce este spirit în Hegel ara destul de viu. Perioadele în care duhul este activ, descrise de oameni.

Hegel rezumă ca fortă motrice si îngrăsământ, latura revelatoare si iesitoare a unei entităti care este luminatoare de-a lungul secolelor. În forma concretă de prezentare, discurs, artă sau religie, arbitrarul său a rămas si va continua să fie. O astfel de instantă s-ar comporta ca server în acelasi timp pentru clienti ca hardware-ul dintr-o retea de calculatoare moderne, dar si ca program (software), administrator si operator.

Spiritul dupa Hegel împărtăseste si exercită puterea prin proprietatea intelectuală. Încă de pe vremea lui Hegel, acesta a crescut enorm în amploare si profunzime, aproape sau se apropie de evenimente pământesti într-un ritm rapid. Există presiunea puterii de a spori momentan cunostitele pentru a interfera sau a coopera, iar această presiune continuă să crească. Toti tinerii aleargă fix pe telefonul mobil, un mijloc de comunicare prin excelentă. Ce se întâmplă..

Oportunitătii educationale promovează îngrijorarea si puterea spiritului mondial. A luat drumul, dinsul..

Progresul tehnic: un aspect al realitătii. În trecut, se trebuia descurca cu alte probleme. Progresul întâlneste societătile umane si indivizii ca destin în sine.

În romanul său „Câinele", autorul rus Turgenev ridică problema modului în care vointa liberă a omului este atinsă sau chiar afectată de soarta provocată divin. El arată apoi cum câinele adus de Dumnezeu, ca balena care îl salvează pe profetul Iona, trece si parcurge cursul liberului arbitru al omului, ca două galaxii care se încrucisează, dar nu există nicio coliziune. Distantele atomilor unul de celălalt sunt prea mari, spatiul comun este mai mult decât suficient pentru două galaxii. Este o coexistentă, o coincidentă. Evenimentele se permit să întâmple, se lasă să treacă si fiecare înaintează aproape fără a fi deranjat. Câinele apare chiar ca un salvamar si un vindecător în aparentă. În mod similar, Iona urmează cel de-al doilea apel către liberul arbitru, traversează Kurdistanul si traversează Ninive ca la balenă, timp de trei zile. Doar pentru a pleca atunci purificat □i dezgustat de acesta si de celălalt râu. Frustrat personal. Ce trebuie să fi simtit Iona vomitat?

De asemenea, Iona, un călător între lumi. Cu exceptia cazului în care a ajuns la marginea orizontului său, acesta nu părea să se-a fi pierdut. Dimpotrivă! - În cele din urmă, cea care ne conduce mai mult spre ultra, iar viitorul tehnologic este la fel de necunoscut ca tara căreia i se adresase Avraam, un tinut care i se deschidea în timp ce se misca în el. Ceea ce contează la urma urmei este actul.

„?Y sabe vuessa merced algun oficio?",
preguntó el grande.
(Novela de Rinconete y Cortadillo, Miguel de
Cervantes)

IX.

Este dificil de a scapa de misiunea divină,
asa cum s-a întâmplat de ambele cu Adam si
Noe: dominatia lumii imprejur. Mintea chiar
motivată de spiritul formei sale suverane
creează libertate, după cum a subliniat
Kierkegaard: "Dintre libertătile pe care le au,
nu le folosesc, dar cer celor care nu le au; au
libertate de gândire, si cer libertatea de
exprimare". (Diapsalmata)

Hegel s-a străduit să lase în urmă revolutia vazută si să ofere spatiu si timp si o nouă formă cunostintelor care intră, pentru a elimina impedimentele în activitatea spiritului pentru a putea întelege mai repede, mai bine si mai pe deplin.

Fragmentarea actuală a stiintei este o consecintă a exploziei scării cunoasterii. Dacă era încă o practică obisnuită să tii pasul în toate disciplinele până acum 250 de ani, a devenit aproape imposibilă în aceste zile, deoarece sunt atât de multe de stiut. Forma stiintei până înainte Hegel a fost mentinută după functionarea sa si are efecte adverse în cazul în care cunoasterea devine imposibil de gestionat.

Filosofia lui Hegel, pe de altă parte, presupune o structură si o arhitectură a cunoasterii care presupune întregul asa cum este dat, si asta într-un mod dinamic. Încorporate într-o astfel de infrastructură, cunostintele, într-un mod adaptat, pot fi legate între ele. Piesele individuale ale puzzle-ului cunoasterii au cel putin un cadru uniform, desi cadrul în sine rămâne nedeterminat în întinderea, vârsta si directia sa, dar este încă datat de cele mai recente descoperiri. Asadar, este extrem de important să folosim interactiunile dintre punctele suprapuse si punctele de contact ale cunostintelor sau ale stiintelor individuale. Fuziunea rezultatelor contradictorii interdisciplinare eliberează o energie care poate fi valorificată deoarece terminologia începe să-si piardă textura, ca să spunem asa, să devină fluidă cu reprezentarea evolutivă a obiectelor de cunoastere.

În stiinta traditională, acest lucru nu s-a putut face în majoritatea cazurilor, deoarece lipseau posibilitătile calculatorului de a functiona prin modelele implicate. Prin urmare, modelele au fost simplificate si idealizate, rezumând conditiile experimentelor. Hegel împărtăseste un mod care permite cunoasterea mai realistă.

La două sute de ani după Hegel, conditiile tehnice necesare pentru practicarea unei astfel de stiinte sunt mai bune la maturitate. Duhul pentru noi, ca subiecti, este întotdeauna recunoscut ca eficient doar de oglinzile întunecate. Omul de stiintă si fiinta umană care actionează este, ca să zic asa, o minte pasivă, a fost făcută, trăită, asa cum spune Rilke: „Nimeni nu îsi trăieste viata. (...) toată viata este trăită. (...) Cine o trăieste? O trăiesti tu Dumnezeu, pe via□a? "(Rainer Maria Rilke, Cartea orelor)

Iata doar, o retea de dependente si potentiale, în măsura universului. Desigur, legile si jurisprudenta sunt incluse acolo. Fiecare cuvânt, fiecare vis, fiecare dorintă, dezamăgire si aspiratie a emotiilor umane curg, influentează si continuă să influenteze continuumul său spazial di temporal (subsistem). Kierkegaard consideră posibilitătile subiectului uman de a se separa de această activitate spirituală. Este vorba despre generarea unei distante reale fată de functionarea mintii. În cele din urmă, chiar □i acest lucru este frustrant, deoarece mintea însăsi determină intensitatea rezistentei (umane) la actiunea sa.

Iov se apropie de prietenii săi, care îl sfătuiesc critic: "ar trebui să li se ascundă ceva?" - O întrebare sugestivă.

Este posibil ca Nietzsche să fi avut mai multe neîntelegeri ale contemporanilor decât Iov, chiar declarându-l pe Dumnezeu mort. Si s-a acuzat că el este responsabil pentru asta! Aceasta ironie a fost surprins vreodată de cititorii săi? În orice caz, Nietzsche confirmă în altă parte că „întregul" ca decisiv, sublim si durabil. Duhul domină, de asemenea, retorica corozivă a îndoielii si o foloseste pentru a ajunge la subiectii ei acolo unde sunt. Dumnezeu nu poate fi ucis, oricine cari doreste să-l înteleagă. Totusi, ceea ce poate face bine omul este să enerveze si să provoace pe cineva ca Nietzsche, construind un mediu apăsător, tulburător si numindu-l „cultură".

Nici pentru a nega ce a produs imperialismul europenilor în timpul vietii Nietzsche: în coloniile Africii si în alte părti. Nietzsche s-a gândit, pierdut săracu printre contemporani, dacă probabil a fost singurul supravietuitor.

El a crezut că ar fi mai bine contracarati acele manifestări externe ale bisericii crestine care nu corespund lui Dumnezeu bogat, dătător de viată si sănătos. Mesajul predicatorului Isus din Nazaret, crezut sau nu, contine ca urmare toti oamenii vindecati. Necunoasterea ignorantului rămâne fără consecintă asupra cunoasterii. Chiar dacă

Galileo Galilei confirmă contrariul prin tortură: se miscă! Niciun Papa nu poate împiedica miscarea. Chiar dacă prostia guvernează: adevărul străluceste linistit. Si asta, pentru a dezvălui natura tainică, până acum necunoscută a lui Creator. Apoi, se vorbeste despre un Dumnezeu care este caritabil si drept. Puternicul zeu al lui Nietzsche, dedicat lui ca „întregul", nu poate fi decât un alt nume pentru acelasi personaj versatil. Multe nume cu o asemenea expresie. Prin urmare, Nietzsche furniza probabil cel mai mare serviciu de la Luther, care a încercat să eradice excesele false.

Atât Luther cât si Nietzsche nu arată nicio iluzie a propriei persoane (păcătoase). Luther, pe de o parte, este justificat de o doctrină a justificării; Nietzsche respinge sensul si justificarea conceptului de păcat.

Ambele sunt radicale. Fără îndoială, folosesc expresii de fortă.

Din perspectiva posteritătii, spiritele sublime. Din perspectiva contemporanilor cu cap de oaie, complet de neînteles. Si omul, mai ales în turmă, este încă ca oile.

Elementul existential care îl va contura secolul XX: zelul religios à l'invers. Persecutia crestinilor la comunismul ateu: inchizitie, pe de altă parte.

- Pentru Laodicea vorbeste: ai fi rece sau fierbinte? Dar din moment ce esti cald ...

Ceva asa sună în apocalipsa lui Ioan, unde spiritul citat exprimă sentimente. În psalmi, sentimentele comunică si se sustin reciproc. Tot acolo, miscarea începe să trăiască prin

„mindfulness", să actioneze constient si să gândească. Este vorba despre acordul persoanei cu ea însăsi rotiind spre pozitiv pentru a contracara fragmentarea care o sfâsie de fortele moderne, cerintele, la care personalitatea este expusă diferitelor sfere de activitate sociale.

Deschis la lucrarea Duhului pentru a putea profita de posibilitătile cognitive pentru a putea găsi decizii în armonie cu sine si cu întregul, pentru a nu arde puternic, cedând interesului de sine într-un mod corupt.

Hegel a aranjat acest lucru pentru stiintă ca bază pentru reconciliere si căutare de modalităti de a ne atinge reciproc, un proces continuu care ne duce mai departe: crezul lui Hegel. A sosit momentul să o facem, acum, când s-a arătat unde poate conduce, gândirea si actiunea materialistă în sens restrâns care fixează numai lucrurile moarte si propriul interes.

„…otras gracias tiene v.m. secretas, y no las quiere manifestar.“

(Novela de Rinconete y Cortadillo, Miguel de Cervantes)

X.

Nu numai că crestinii asteaptă întotdeauna cu nerăbdare noua zi, timpul nou: este această asteptare pronuntată care caracterizează în special acei crestini care manifestă constant empatie în viata de zi cu zi, o căldură surprinzătoare. Acestea se îndreaptă către „prăpastia plină de lumină", asa cum se numeste Kafka ispita mesianică pe care Isus o prezintă. Noaptea pare mai întunecată când dimineata nu este departe.

Ambivalentele fac din farmecul, aromele si dansul fiintelor dinamica inerentă. Se simte aproape amintind de îndepărtatul est de Yin si Yang; Cu toate acestea, miscarea dialectică este foarte puternică în Hegel, schimbul se desfăsoară în mod constant, înglobează alte dimensiuni, are efecte masive asupra periferiei si se află într-o dezvoltare auto-dinamică. Cunoasterea masei si a efectelor gravitatiei sunt deja descrise în Fenomenologia Spiritului într-o preformă, un început, care doreste cu umilintă să fie considerat ca început, nici mai mult nici mai putin.

Spiritul se exprimă abstract în natura sa pură, precum si în forma sa manifestă în subiectul negativ sau tangibil, fie că este cartea scrisă, filmul modern, programul de calculator disponibil acum sau sensul uman care provoacă gânduri. Prin urmare, reactia si, de asemenea, efectul de transport al reactiei „pierdute" sau „întârziate" si impulsul actiunii sau pur si simplu efectul transformat. Si ca în cazul filmului de lumină, un număr infinit de frecvente de imagine fără imagine urmăreste iluzia miscătoare a filmului în observator de a crea, deci aici: vedem spirit-om-spirit-om. Pentru teolog, care nu a putut continua aici si insistă că Dumnezeu locuieste într-o lumină imuabilă, asta face el, neconditionat. Cu toate acestea, această lumină intră în întuneric si pare că acel mod de a aprinde semnalele de lumină de la un far. Post tenebras lux. Dacă, în loc de întoarcerea lui Mesia, se asteaptă suspicios Anticristul, unul se concentrează pe intervalele negative Hristos-Anticrist-Hristos si asa mai departe.

Cu toate acestea, ruperea în mediu (anti-vidul) necesită stiinta să genereze iluzia unei action continuée controlée dynamique. Ratiunea si actiunea umană functionează numai în timp, prin urmare, „carpe diem". Si nu degeaba spune că „Întunericul este ca lumina", nimic nu este ascuns sau chiar lipsit de duh. Cât de greu încerci să privesti întunericul; Cu toate acestea, ghidat de lumina resurgentă. Dimpotrivă, există personaje care numai în virtutea credintei pot vedea si mergea pe la invizibil; ele au o abordare complementară a proceselor sau un scop, un sonar, pentru a localiza vibratiile spatiului si timpului. O astfel de avere, cu toate acestea, nu poate si nu trebuie să fie asteptată sau fortată de simtul natural. Si asta arată, de asemenea, că aceste afirmatii au un caracter secular. Cu toate acestea, stiind că această lume este provizorie, din când în când, si livrată la tranzitie. Nimic nu rămâne asa cum este, prin urmare, Hegel îsi pregăteste cititorii în sensul gândirii si actiunii ultra revolutionare.

Unii dintre discipolii lui au gresit si au continuat doar cu revolutia, dar asta a avut consecinte grave. Nu mai putin important acum, constiinta s-a dezvoltat că aspiratiile revolutionare nu sunt de dorit de la sine. Terenul se pregăteste pentru ceea ce urmează după revolutie, chiar dacă se consideră că nu numai acolo unde revolutia este, dar că daunele sunt cauzate si în regiunile vecine, si trebuie mentinute discutiile si disputele.

Hegel oferă cunostintele sale despre toată bogătia activelor disponibile. Si asta, cu riscul, de a nu fi înteles. Ca profesor dovedit (acasă, la scoală, la universitate) si educator pasionat, asteptând cu răbdare procesul de educatie.

Arno Schmidt: "... dar dacă ai făcut diferenta doar între filozofia aplicată si cea teoretică!" - Acolo se înregistrează practic problema. Tocmai, a secventei elementelor aplicate □i teoretice ale filozofiei produce iluzia momentelor în miscare în imaginea compatibilă cu intelectul. Iar golul din mijloc este diferenta, limita chiar si a întunericului de neînteles. Aceasta permite combinarea de toate părtile si, de asemenea, schimbarea vitezei de prezentare în discutia subiectului stiintific respectiv.

Un avantaj al unei astfel de consideratii este, printre altele, faptul că cunoasterea în dezvoltarea ei în timp nu depinde de cât de purtătorii educatiei. În sens pedagogic, toată lumea poate beneficia de cunostinte, deoarece tendinta este ca spiritul însusi să se facă cunoscut unui public larg dorit. Acest mod de actiune este anti-elitist, bine inteles..

Pe vremea lui Hegel, cunostintele se bazau în principal pe cărti, scrisori sau piese de teatru. Posibilitătile tehnologice ale erei moderne cu manifestarea, cu metode de procesare a datelor si reprezentare de înaltă rezolutie, precum si comunicare electronică, oferă spiritului puterea de a dobândi valabilitate globală aprinsa într-un timp scurt, cel putin acum mult mai diferentiat ca niciodată.

Cu greu s-au alăturat lui Napoleon în 1812, dar cu sigurantă s-au descurcat bine fără un astfel de lider în cel al continentului, mai târziu, 1848. Acum a fost nevoie de ceva timp, pentru a întelege versiunea materialistă este zadarnică, dar ce se întâmplă dacă forma autentică câstigă din nou!

Dacă cineva ar nega spiritul, el ar nega umanitatea. Un umanist luptă pentru spirit si calitătile sale pozitive atât religios, cât si independent, în lucruri profane.

Manifestul comunist este derivat folosind metodologia dezvoltată anterior de Hegel. De aici si superioritatea operei de argumentare certă în ceea ce priveste puterea persuasivă. În manifest, însă, perspectiva nu fixează spiritul, însă materia moartă este propusă decisivă. Dependenta de aur, da, nebunia celor care s-au pierdut în căutarea aurului, este ancora si cerinta nenorocita care a fost prestabilită acolo. Prin urmare, în ceea ce priveste baza ideologică, rămâne „instantaneul" situatiei din anii patruzeci ai secolului al XIX-lea. Exploatarea clasei de lucrători la acea vreme era intolerabilă. Foametea tesătorilor din Silezia, sclavia în statele din sudul Statelor Unite, imperialismul si genocidul popoarelor indigene de pretutindeni. Femeile prinse aproape fără drepturi, timp în care consumul de hasis, cocaină etc., subestimat legal si în modul lor de actiune în deplină circulatie. Reducerea treptată a servitutii în multe părti ale Europei.

Elita studentilor bine organizată din Germania a devenit păcălită de propria victorie împotriva lui Napoleon. Puterea aristocratiei nu se mai bazează în mod natural pe buna-credintă si proprietatea acceptată a bisericii, ci pe activitătile politiei secrete. Declaratia deschisă de război continută în „Manifest" - acolo si numai acolo este cel putin de înteles.

Din Waterloo toată lumea a fugit în toate directiile. Nu la mult timp, prin urmare, anul in care nu a existat vară cu nimeni nu stia de ce. Foamea si lipsa de hrană până la decenii mai târziu, Justus Liebig, profesorul Giessen / Lahn, introduce fertilizarea în agricultură. Unde si-a luat el ideile? -.

Inovatia nu depinde întotdeauna de investitorii capitalisti care fac afaceri si generează bogătie comună, ca si produs secundar. În realitate, antreprenorii nu caută oportunităti care sunt încă cauza investitiilor mari si a ciclurilor de dezvoltare îndelungate, deoarece sunt foarte riscante! Inovatia vine, de exemplu, de unde un matematician amator care inventează o reprezentare a legăturii, care abia este luată în considerare în viata sa, dar mult mai târziu, constructia si functionarea telefoanelor mobile a devenit posibil doar pentru asta!

- În ceea ce priveste această inovatie, nu a fost conceput niciun plan de afaceri si nimic nu a fost amortizat: inventatorul a primit doar atentie postumă. Datorită elegantei sale, această formă a captivat generatii de matematicieni pentru a transmite urmasilor până la găsirea uneia dintre aplicatiile posibile. În care, apropo, se câstige si bani, dar mai târziu. Banii sunt pur si simplu un produs secundar sau un rău necesar în afaceri. Binele spiritual, pe de altă parte, a devenit proprietate comună.

Proiectarea unui nou mod dinamic de exprimare a stiin☐ei apare si continuă să prevaleze într-o lucrare stiintifică din ce în ce mai bună. Indivizii care lucrează (reflectati sau nu) într-un mod egocentric vor trebui să se adapteze la o intensitate mai mare de claritate. Aceste conditii, în cazul în care investigatia, obiectul investigatiei, instrumentul, precum si motivatia si interesele tuturor acestor manifestări între ele si alte persoane care nu sunt mentionate aici, sunt incluse în mod explicit în abordarea respectivă si sunt integrate. Doar cu aceasta nu se va pierde, ajungând la destinatia dorintelor.

CREDITUL

„Iartă, deci vei fi iertat"

„Dacă nu iertati, nu veti fi iertati nici voi".

În societate apare apoi o retea sau o retea multidimensională de relatii reciproce, care se bazează pe faptul că activitătile si transactiunile trecute sunt balansate în ceea ce priveste rezultatele.

Sau nu.

Pentru că, dacă nu, atunci „like-you-me-so-I-you" urmăreste suplimentare de evenimente.

Unii se poticnesc de la o feudă la alta.
Ceilalti, la rândul lor, se eliberează de o
varietate de dispute. De asemenea, sunt
capabili să dezamăgească în mod durabil
situatiile fără speranță si să se asigure că
toată lumea este echilibrată.

Echilibrarea pe toate părtile este posibilă
deoarece valoarea este întotdeauna ceva
creat. Iar abundenta se trage.

Contabilii cu mijloacele si dimensiunile lor
documentare restrânse cu greu pot tine pasul
cu instantanee de-a lungul de la dynamique
de la valeur.

Resursele disponibile apar limitate la
materialisti. Se limitează cu drag la ceea ce
este în prezent recunoscut, vizibil, măsurat si

îsi trag concluziile din deviza Ceteris Paribus.
Nimic nu se schimbă presupunind.

Acest lucru îi face materialisti: limitarea la
presupusul faptic sau forta care actionează în
mod evident a faptului. Ceea ce depăseste
acest lucru nu contează pentru materialisti,
dar serveste totusi ca tintă pentru ridiculizare.

Recurgerea la materialism este o alegere. Si
ca toate deciziile electorale, trecerea la
materialism poate fi inversată. Chiar acum.

Schimbarea, reînnoirea, chiar inovatia,
consideră materialistilor ca fiind suspectă,
imprevizibilă □i amenintătoare, deoarece,
după schimbarea conditiilor-cadru, trebuie
efectuată o nouă echilibrare a evaluării

situatiei, cel ce care este plină de muncă. Materialistii sunt lent în acest sens.

Acest lucru contrastează cu idealismul, care recunoaste doar constient tot ceea ce este vizibil prin filtrul de idei (alese). De exemplu, materialistul nici nu stie că nici măcar materialismul său este pur si simplu idee!

Idealistii vad totul ca resursa, inclusiv idei inepuizabile. Astfel, idealistii nu raman fixati pe bani, timp sau oportunitate, ci creeaza valoare si valori acolo unde materialistii nu pot suspecta. Materialistii nu văd acolo.

În consecintă, materialismul este fel de existentă inconstientă după ce a îmbrăcat blind-urile.

Dar acest lucru înseamnă că resursele si diversitatea lor sunt inepuizabile. Sarcina stiintelor nu poate fi decât să lărgească orizontul, să descrie resursele potentiale, să le facă vizibile si utilizabile. Ar trebui să fie totul, astfel încât materialistii timizi, care, cu toate acestea, nu-si trag niciodată suficient gâtului (ei cred întotdeauna în ceea ce priveste limitele, adică în limitări auto-impuse), să dea pace în sfârsit.

Materialistii sunt programati, compulsivi pentru a acumula resurse, asteptând ca acestea să fie epuizate si să nu fie disponibile. Karl Marx presupune acest lucru.

Împrumutul este măsurat pe baza persuasivitătii si validitătii ideii de afaceri sau a modelului de afaceri prezentat. Încrederea este o conditie necesară pentru piata monetară, însă încrederea în sine este alimentată de retea.

Pentru împrumutatul care crede în ideea sa de afaceri, afacerea de creditare prevăzută înseamnă doar: utilizarea pietei monetare pentru a achizitiona o resursă necesară pentru implementarea proiectului.

Pentru creditorul materialist, pe de altă parte, astfel de noi afaceri (băncile de investitii sunt în discutie) marchează o călătorie de descoperire. Există încă piete noi, oportunităti de afaceri care sunt subestimate, la marginea lumii cunoscute urmează să fie deschise □i cucerite, iar rezultatele pozitive ale afacerilor trebuie împărtăsite.

Alături de ideali□ti mi-am ridicat mâna la jurământ "Totul este resursă, chiar □i vidul în sine!"

Chiar si instrumentul de credit este doar o resursă. Mandatul lui Dumnezeu pentru Adam a fost să aibă grijă de întregul, să-l facă să se merite si să trăiască, de fapt: pe deplin creatiei de valoare. Si bucuria de roadele lor (cu exceptia unuia, cu exceptia celui care a creat neîncrederea).

În societătile care sunt sub-furnizate cu resursa „valută" si pentru că, printre altele, oamenii trebuie să moară de foame, ideea se naste pentru de a se redistribui si mai ales gunoiul ca resursă si mijloace de trai.

În cazul în care niciun bancher central nu suspectează crearea de valori pozitive, valoarea este creată în scopul subzistentei individuale si fondurile sunt extrase din ciclul de bani (legal, cedat) - pentru a sprijini mizerabilul.

Deflatia apare pentru ca sunt necesari si folositi bani suplimentari acolo unde nu este anticipat si sa fie ignorat in cursul urmator. Deflatia apare de asemenea atunci când banca centrală subestimează în mod sistematic volumul valorii adăugate economice si „în mod sistematic", deoarece nu este luată în considerare o cantitate de consolare, o proportie relevantă din valoarea adăugată realizată.

Se datorează datelor proaste, statisticilor proaste, până vin mai bune.

Este puterea credintei, experienta vietii materializată ca în diamante, idee care dă scânteia focului care, de asemenea, împarte atomul si care anihilează inevitabil fiecare tiran când va veni timpul.

Deoarece productivitatea se referă la cantitatea de valoare adăugată măsurată în numeroasele dimensiuni ale resurselor necesare utilizate.

Nu intru în multitudinea dimensiunilor posibile atunci când măsoară productivitatea. Dar acolo, există calea mare. Există în continuare, datele de măsurare cu care puteti vedea ce activităti merită si cât merită si de ce merită.

Infrastructura este o conditie necesară si o conditie necesară importantă pentru a face posibilă - dar acolo unde infrastructura (sau cărtile!) rămâne nefolosite, se dovedeste a fi o investitie nefericită proastă pentru moment.

Une société marquée par la corruption est comme une route de campagne bordée de barons voleurs.

La corruption bloque le progrès.
La corruption est prévisible.

„Fii fertil si înmulteste-te”.

Fii productiv.

„Îi vei recunoaste prin roadele lor".

Si un pom fructifer productiv este îngrijit si îngrijit, astfel încât să devină si iase mai productiv.

Productivitatea contează pentru Isus. Cât de drăgut va deveni el în cursul vietii? Are curajul pentru a asigura pace si echilibru? Ce conteaza dreptatea pentru acest om?

Sommes-nous en train de danser le Tango Corrupti?

Le voleur qui vole des petits pains parce qu'il a faim se retrouve en prison et le voleur qui vole des millions est acquitté?

În schimb, omul doar pentru sine face? Persoana are încredere într-o bună inspiratie si se bazează pe creatorul, sau este doar problemă de a acumula rezultate, si masă de masă în hambarele sale?

Vinde ce are? Slujitorul proliferează cu talentele încredintate lui? Îsi lasă pâinea peste apă?

Creditul pentru puterea iertării colective si reciproce asigură că oamenii nu doar gândesc si actionează într-o manieră fixă, ci le oferă libertatea necesară de a folosi si implementa ideile în mod creativ pentru a crea valoare pentru sine si pentru ceilalti.

Contabilii nu explică unde si de ce este creată valoarea. Maximul contabililor se limitează la efectuarea instantaneelor exacte din perspectiva aleasă sau impusă, în conformitate cu regulile. Mijloacele pentru a face acest lucru sunt apoi unitatea de măsură ca dimensiune a documentatiei (de exemplu, numărul de articole, pretul în monedă monetară etc.).

În acest sens, activitatea de contabilitate legal necesită reprezintă un proces de măsurare fizică. Dacă datele sau metodele de măsurare sunt manipulate în acest context în mod ilegal si astfel bilanturile sunt falsificate, există sanctiuni după clarificări legale.

„Actionează până mă întorc: actionează până la ultimul termen. Actionează până mă întorc: asta spune Isus Hristos ".

Această lume, plină de gunoi, mizerie si mizerie mai mare, există egoism si neîncredere. Se caracterizează prin teamă si conflict. Este departe de optimul economic, în multe feluri.

Întrucât deseurile sunt o resursă conform crezului, calea este deseori si din ce în ce mai ales să facă utilizabil deseurile ca resursă si, împreună cu alte resurse naturale, ca mijloace de trai.

„Săracii si mizerii ar trebui să-l vadă si să fie fericiti".

O nouă zi, multă muncă, câmpul meu trebuie
să aibă îngrăsăminte, vita mea ar trebui să
fie udată. Iar grija mea spune despre
dragostea mea inepuizabilă pentru această
patrie plină, pentru această presupusă
bucată de rahat. Între timp, pentru mine:
champs-elysée

Deci Folosesc coeficientul pe care îmi place
să-l păstrez ca „productivitate", ca miză de
cort, ca punct de plecare pentru analiza
economică.

Deoarece în ceea ce priveste productivitatea,
am citit relatia cu resursele făcute utilizabile
în raport cu rezultatul focalizat al eforturilor si
eforturilor profesionale si private tintite pentru
a creste beneficiile care pot fi experimentate
sau nivelul de prosperitate obtinut.

Si etica mea protestantă salută de departe.
Nu este altceva decât „ora et labora"
implementată a călugărului Dr. Martin Luther.

Citirea productivitătii în dimensiunea monedei
impuse nu este recomandabilă în perioadele
de schimbare tehnică rapidă, deoarece
preturile banilor în raport cu perioadele (sau
anii) succesivi reflectă realităti ale
consumatorilor destul de diferite, tot din punct
de vedere al jurisdictiei. Analizarea curbelor
de productivitate măsurate în monedă
monetară în ultimele decenii (de asemenea,
în special „ajustate pentru inflatie") nu tine
cont de schimbarea rapidă peste tot. Dacă
doriti oricând să o măsurati, cresterea
(puternică) a productivitătii muncii, de
exemplu, este ignorată, iar rezultatul este că

salariile pentru salariati nu cresc corect după cum este necesar. Apoi, bogătia este îndreptată spre capitalisti, de partea opusă, ca să zic asa, si redistribuită în sensul lui Karl Marx. Rău, rău.

Este mai bine să se bazeze măsurarea productivitătii muncii pe cantităti mai de bază, fizice (cantităti, ori, calităti etc.). Astfel, se poate vedea mai multe schimbări care au loc în lumea muncii când priviind rezultatele.

Si este extrem de important să vedem că preturile fluctuează pentru că sunt singurul vehicul din economia de piată pentru coordonarea si alocarea resurselor. Preturile trebuie să fie volatile, mult mai mult decât se poate experimenta în prezent, unde de fapt doar bursele si valutele încă scad si cresc într-o anumită măsură - unele fată de altele.

În cazul salariilor si al chiriilor, în special, există blocaje până la limite fixate legal pentru dinamica inerentă. Aceste restrictii subminează functionarea mecanismelor de coordonare bazate pe piată, cu toate efectele negative la care se poate gândi, din perspectivă economică. Acest lucru cauzează daune imense de-a lungul anilor.

Datele gresite interpretate în mod conceptual pentru dezvoltarea productivitătii duc la preturi stagnante peste tot. Si stagnarea, datele lente ale preturilor de pe piete: acesta este cel mai îngrijorător lucru de zi cu zi într-o economie.

În cele din urmă, crearea de bani de către băncile centrale este dezavantajată în ceea ce priveste instrumentele utilizate pentru a determina si utiliza cantitătile si conditiile de furnizare a pietelor monetare. Cu alte cuvinte, strigă, copilul în scutecul năprasnic, nimeni nu pare să aibă milă de a schimba copilul. Fundul străluceste - fermentat pe procese de fermentare - bronzat.

"... ei nu stiu ce fac"

În prezent, bancherii centrali recunosc doar vag. Necesitatea „banilor" resursei este foarte subestimată, deoarece imaginatia si, astfel, ideile si posibilitătile tehnologice ale actorilor nu sunt percepute în mod corespunzător de-a lungul. Deci sunt subestimate aici (masive).

Este nevoie de mai multi bani.

Un efect de domino în faliment este un dezastru de casă.

În plus, măsurarea productivitătii - acolo unde este considerat - folosind unităti de măsură inadecvate. Nimănui nu-i pasă de varietatea incredibilă de măsurare a productivitătii. Nimeni nu munceste pentru a face astfel de cunostinte utilizabile.

Avantajele comparative ale diferitelor locatii de productie sau tări nu sunt vizibile suficient de clar. Ceea ce este rău este că viziunea distorsionată nu este constientă actorilor esentiale.

Materialistilor ar fi trebuit să li se ofere ochelari mai buni, astfel încât faptele să pară conturate cu precizie.

Si pentru că materialistilor le place să egaleze perceptia si realitatea fără să se gândească la asta, după ce pun ochelari mai buni, vei fi instantaneu si într-adevăr fericiti.

O BUNCĂ DE PROMISII

După premisa că capitalismul constă într-o simplă grămadă de promisiuni, ideea gresită a naturii unui produs în conformitate cu ceea ce este acceptat perspectiv materialistă poate fi usor lăsată în urmă.

Asadar, optat pentru gândirea produsului ca vânzând promisiuni de usurare pentru nevoi specifice sau ca răspuns întrebărilor particulare. Clientul (potential) dispus si gata să predea un pret la ghiseu pentru a obtine o sperantă. Este speranta ca nevoile specifice să fie satisfăcute instantaneu sau continuu în gradul pe care si-l doreste clientul efectiv.

Tranzactia care rezultă din aceasta, lasă în urmă, un vânzător cu lichiditate pe care si l-a promis el însusi conform calculelor pentru eforturile pe care le-a făcut - pentru a oferi clientului serviciul special, plus un bonus - si cumpărătorul cu mijloacele de a-si primi dorintele îndeplinite.

Cu cât mai mare si mai diversificat buchetul de produse (bunuri si, bineînteles, servicii) disponibile la un anumit punct în loc si timp, si cu cât sunt mai fiabile si plăcute circumstantele mediului, cu atât este mai încântător evenimentul de consum. Va fi si cu atât mai atractivă si mai promitătoare fata lumii in ochii participantilor.

Astfel, parametrii care caracterizează produsul clasic din punct de vedere al marketingului (schimbări ale nivelului preturilor, calitătii, disponibilitătii, serviciului etc.) - toate acestea sunt apreciate, evaluate si percepute de filtrul de asteptări diferite ale clientilor. Pe de altă parte, asteptările sunt create si evoluează în conformitate cu un răspuns la promisiunile făcute. Reputatia pe de care produsul anumit sau de o marcă va profita este definită de o multime de promisiuni care sunt legate de acestea si acestea ar putea suferi modificări prin timp.

Cel mai bun produs nu se va mai vinde dacă promisiunile legate de ele nu sunt îndeplinite. Dacă nu s-au mai întâlni, s-ar putea ca uzinele respectiv să fie închise si iată unde punctul de vedere materialist nu se va îndrepta pentru a oferi solutii.

Promisiunea vândută în linie cu produs bun îi spune clientului de ce, în special, acea decizie de cumpărare i se va potrivi bine. O promisiune, iata miezul produsului sau pozitia unică de vânzare. Din această perspectivă pare destul de ciudat ca valoarea unui produs să fie analizată doar de structurile formei fizice care o definesc sau de modul în care este derivat.

Mai mult, pozitia unică de vânzare se schimbă în timp, odată cu asteptările. Desigur, acest lucru nu va lăsa preturile si profiturile neafectate. Asteptările colective si stilul de viată nu depind de industrii si nu vor fi definite de autorităti sau de activitătile guvernamentale. Ambele ar putea afecta comportamentul consumatorilor până la un anumit grad, dar numai din moment ce fac parte din ele.

În cazul în care lucrătorul nu îndeplineste asteptările, angajatorul va căuta modalităti de a scoate astfel de invitati pe salarii. Dacă totusi un lucrător la nevoi si la durare se dovedeste, va rămâne. El va rămâne la fel de mult timp cât există bani pentru a plăti salariile sau probabil chiar mult mai mult.

Promisiunile din „Magna Charta" continuă □i guvernează regatul britanic chiar si astăzi. Nu este vorba despre cuvântul însusi scris în acel document nepretuit - este mai mult despre expresia vointei regelui si promisiunea lui de a nu-i lăsa pe cei care sunt la rândul lor dispusi să aibă încredere în această promisiune de bunăvointă pe care a dat-o. Deci, contribuabilii cred în promisiunea care le va garanta un tratament bun si corect, care să facă fată ceea ce va părea potrivit în functie de circumstantele în schimbare si ceea ce este si mai mult, un anumit grad de participare în ceea ce priveste luarea deciziilor politice la pretul loialitătii. (Desigur, s-au revoltat peste ocean, dar aceasta este o altă poveste în care legătura dintre începutul impozitării si participarea refuzată a devenit vizibilă si care i-a determinat să adapteze propria constitutie pentru a se potrivi cu nevoile lor proprii. Nimeni nu vrea să-l joace pe nebun când vine vorba de promisiuni, până la urmă.)

În concluzie, o marcă îsi derivă valoarea din promisiunea pe care clientii o acceptă înainte si după evenimentul tranzactiilor cu privire la tranzactii specifice care implică sau chiar afectează usor marca respectivă. Astfel, o marcă poate fi văzută ca un legământ între cel putin două părti, care lucrează din greu pentru a garanta o ofertă continuă pe de o parte, iar pe de altă parte, clientii care vor continua să aibă încredere într-un vis. Si, continuand cu plăcere pentru a face parte din ea.-